高校入試

出るナビ

社会

Gakken

は じ め に

受験生のみなさんは，日々忙しい中学生活と，入試対策の勉強を両立しながら，志望校合格を目指して頑張っていると思います。

志望校に合格するための最も効果的な勉強法は，入試でよく出題される内容を集中的に学習することです。

そこで，入試の傾向を分析して，短時間で効果的に「入試に出る要点や内容」がつかめる，ポケットサイズの参考書を作りました。この本では，入試で得点アップを確実にするために，中学全範囲の学習内容が理解しやすいように整理されています。覚えるべきポイントは確実に覚えられるように，ミスしやすいポイントは注意と対策を示すといった工夫をしています。また，付属の赤フィルターがみなさんの理解と暗記をサポートします。

表紙のお守りモチーフには，毎日忙しい受験生のみなさんにお守りのように携えてもらって，いつでもどこでも活用してもらい，学習をサポートしたい！　という思いを込めています。この本に取り組んだあなたの努力が実を結ぶことを心から願っています。

出るナビ編集チーム一同

出るナビシリーズの特長

 ### 高校入試に出る要点が
ギュッとつまったポケット参考書

項目ごとの見開き構成で，入試によく出る要点や内容をしっかりおさえています。コンパクトサイズなので，入試準備のスタート期や追い込み期，入試直前の短期学習まで，いつでもどこでも入試対策ができる，頼れる参考書です。

 ### 見やすい紙面と赤フィルターで
いつでもどこでも要点チェック

シンプルですっきりした紙面で，要点がしっかりつかめます。また，最重要の用語やポイントは，赤フィルターで隠せる仕組みになっているので，要点が身についているか，手軽に確認できます。

 ### こんなときに
出るナビが使える！

持ち運んで，好きなタイミングで勉強しよう！ 出るナビは，いつでも頼れるあなたの入試対策のお守りです！

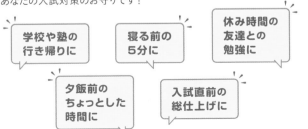

この本の使い方

赤フィルターを のせると消える!

最重要用語や要点は, 赤フィルターで隠して確認できます。確実に覚えられたかを確かめよう!

注意 間違えやすい内容や, 押さえておきたいポイントを解説しています。

Ⅰ [地理] 第1章 世界と日本の姿
地球の姿／世界の地域区分

☐ **1. 地球の姿**
 (1) **大きさ**…半径約6400km, 赤道の全周約4万km。
 (2) **陸地と海洋**…比率は**3：7**で, 海洋のほうが広い。
  ◎六大陸…**ユーラシア大陸・アフリカ大陸・北アメリカ大陸・南アメリカ大陸・オーストラリア大陸・南極大陸**。
  ◎三大洋…**太平洋・大西洋・インド洋**。

☐ **2. 地球儀と世界地図**
 (1) **地球儀**…地球を小さくした模型。
  ◎**面積・距離・方位・形**などをほぼ正確に表すことができる。
 (2) **中心からの距離と方位が正しい地図**（**正距方位図法**）
  ◎主に**航空図**などに利用。
  注 中心から離れるにつれて陸地の形がゆがむ。

 (3) **緯線と経線が直角に交わる地図**（**メルカトル図法**）
  ◎昔は航海図に使われていた。
  注 赤道から離れるほど面積が拡大。距離や方位も正しくない。

 (4) **面積が正しい地図**（**モルワイデ図法**など）
  ◎主に**分布図**などに利用。
  注 陸地の形はゆがんで表される部分がある。

10

社会の特長

◎入試に出る用語・要点を簡潔にまとめてあります。
◎理解を助ける地図や写真などの資料が豊富!
◎しくみなどを図解でわかりやすく解説!

入試ナビ 入試で問われやすい内容や, その対策などについてアドバイスしています。

☆の数は, 入試における重要度を表しています。

! 知っトク情報 本文をより理解するためのプラスアルファの解説で, 得点アップをサポートします。

入試に出る 実戦問題 入試で問われやすい内容を, 実戦に近い問題形式で確かめられます。

入試ナビ 中心からの距離と方位が正しい地図について, 見かたを覚えておこう。
面積・人口が上位の国をしっかり押さえておこう。 ★★★★
★★★

3. 緯度と経度

(1)緯度… 赤道が0度, 南北をそれぞれ90度ずつに分ける。同じ緯度を結んだ線が緯線。

(2)経度… 本初子午線が0度, 東西をそれぞれ180度ずつに分ける。同じ経度を結んだ線が経線。

! 知っトク情報

対せき点
ある地点から地球の中心を通った反対側の地点。日本の対せき点はブラジルやアルゼンチン沖の大西洋上。

4. 世界の地域区分とさまざまな国々

(1) 6つの州… アジア州・アフリカ州・ヨーロッパ州・北アメリカ州・南アメリカ州・オセアニア州。

(2)さまざまな国々… 190余りの国がある。日本など海に囲まれた島国 (海洋国), モンゴルなど海に面していない内陸国。

世界の国々の面積	(2019年)
1位 ロシア連邦	1710万km²
2位 カナダ	999万km²
3位 アメリカ合衆国	983万km²
最小 バチカン市国	0.44km²

世界の国々の人口	(2020年)
1位 中華人民共和国	14.4億人
2位 インド	13.8億人
3位 アメリカ合衆国	3.3億人
最少 バチカン市国	800人

[世界国勢図会] ほか

入試に出る 実戦問題 ▶ 地図の読み方

(1)東京の真東の都市はア, イのどちらか。　[イ]

(2)実際の面積が大きいのはA, Bのどちらか。　[A]

直前 テーマ学習で 入試直前もバッチリ!

地理・歴史・公民で問われやすいテーマの要点を短時間で押さえられるまとめページも。

もくじ

歴史

公民

が暗記アプリでも使える！

ページ画像データをダウンロードして，
スマホでも「高校入試出るナビ」を使ってみよう！

|||||||| 暗記アプリ紹介&ダウンロード 特設サイト ||||||||

スマホなどで赤フィルター機能が使える便利なアプリを紹介します。下記のURL，または右の二次元コードからサイトにアクセスしよう。自分の気に入ったアプリをダウンロードしてみよう！

Webサイト https://gakken-ep.jp/extra/derunavi_appli/

「ダウンロードはこちら」にアクセスすると，上記のサイトで紹介した赤フィルターアプリで使える，この本のページ画像データがダウンロードできます。使用するアプリに合わせて必要なファイル形式のデータをダウンロードしよう。

※データのダウンロードにはGakkenIDへの登録が必要です。

ページデータダウンロードの手順

① アプリ紹介ページの「ページデータダウンロードはこちら」にアクセス。

② Gakken IDに登録しよう。

③ 登録が完了したら，この本のダウンロードページに進んで，下記の『書籍識別ID』と『ダウンロード用PASS』を入力しよう。

④ 認証されたら，自分の使用したいファイル形式のデータを選ぼう！

書籍識別 ID	nyushi_so
ダウンロード用 PASS	iZ5xKyzT

地球の姿／世界の地域区分

☑ 1. 地球の姿

(1) **大きさ**…半径約6400km，赤道の全周約４万km。

(2) **陸地と海洋**…比率は**３：７**で，海洋のほうが広い。

　　◎六大陸…**ユーラシア大陸・アフリカ大陸・北アメリカ大陸・**
　　南アメリカ大陸・オーストラリア大陸・南極大陸。

　　◎三大洋…**太平洋**（たいへいよう）**・大西洋**（たいせいよう）**・インド洋**。

☑ 2. 地球儀と世界地図

(1) **地球儀**（ぎ）…地球を小さくした模型。

　　◎面積・距離（きょり）・方位・形などをほぼ正確に表すことができる。

(2) **中心からの距離と方位が正しい地図**（正距方位図法）

　　◎主に**航空図**などに利用。

　注意 中心から離（はな）れるにつれて陸地の形がゆがむ。

(3) **緯線**（いせん）**と経線**（けいせん）**が直角に交わる地図**（メルカトル図法）

　　◎昔は航海図に使われていた。

　注意 赤道から離れるほど面積が拡大。
　　距離や方位も正しくない。

(4) **面積が正しい地図**（モルワイデ図法など）

　　◎主に**分布図**などに利用。

　注意 陸地の形はゆがんで表される部分がある。

入試ナビ 中心からの距離と方位が正しい地図について, 見かたを覚えておこう。
面積・人口が上位の国をしっかり押さえておこう。

★★★
★★★

☑ 3. 緯度と経度

(1) 緯度…赤道が0度, 南北をそれぞれ
90度ずつに分ける。同じ緯度を結
んだ線が緯線。

(2) 経度…本初子午線が0度, 東西を
それぞれ180度ずつに分ける。同じ
経度を結んだ線が経線。

❗ 知っトク情報

対せき点
ある地点から地球の中
心を通った反対側の地点。
日本の対せき点はブラジ
ルやアルゼンチン沖の大
西洋上。

☑ 4. 世界の地域区分とさまざまな国々

(1) 6つの州…アジア州・アフリカ州・ヨーロッパ州・北アメリ
カ州・南アメリカ州・オセアニア州。

(2) さまざまな国々…190余りの国がある。日本など海に囲まれた
島国（海洋国）, モンゴルなど海に面していない内陸国。

世界の国々の面積	（2019年）
1位 ロシア連邦	1710万km²
2位 カナダ	999万km²
3位 アメリカ合衆国	983万km²
⋮	
最小 バチカン市国	0.44km²

世界の国々の人口	（2020年）
1位 中華人民共和国	14.4億人
2位 インド	13.8億人
3位 アメリカ合衆国	3.3億人
⋮	
最少 バチカン市国	800人

「世界国勢図会」ほか

入試に出る 実戦問題 ＞ 地図の読み方

☑ (1) 東京の真東の都市はア, イ
のどちらか。　〔 **イ** 〕

☑ (2) 実際の面積が大きいのはA,
Bのどちらか。　〔 **A** 〕

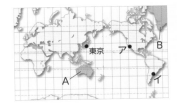

2 日本の位置と範囲／時差と地域区分

☑ 1. 日本の位置

(1) **位置**…**ユーラシア大陸**の東，**太平洋**の北西。**北緯約20度～46度，東経約122度～154度**の間。

(2) 同緯度の国は**中国・アメリカ合衆国，イタリアやエジプト**など**地中海**沿岸の国々など。同経度の国は**オーストラリア**など。

☑ 2. 日本の範囲

(1) **領域**…**領土・領海・領空**からなる。

(2) **排他的経済水域**…海岸線から**200海里**以内で領海を除く水域。

▲国の領域（主権が及ぶ範囲）

(3) **日本の領土**…**北海道・本州・四国・九州**と周辺の小さな島々。

(4) **領土をめぐる動き**

◎**北方領土**…**北海道**に属する日本固有の領土。**択捉島・国後島・歯舞群島・色丹島**。**ロシア連邦**が不法に占拠。

◎**竹島**…**島根県**に属する日本固有の領土。**韓国**が不法に占拠。

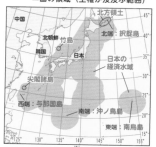

▲日本の東西南北の端と排他的経済水域

◎**尖閣諸島**…**沖縄県**に属する日本固有の領土。領土問題は存在しないが中国などが領有権を主張。

☑ 3. 時差のしくみ

(1) **日本の標準時**…**兵庫県明石市**を通る**東経135度**の経線（**標準時子午線**）上の時刻が標準時。

(2) **時差**…経度15度で1時間の時差。

(3) **日付変更線**…180度の経線付近に設けられた線。西から東に越えるときは日付を1日遅らせ，東から西へ越えるときは1日進める。

> **！知っトク情報**
>
> **時差の求め方**
> ①経度差を求める。
> ※東経の都市と西経の都市の経度差は足し算で求める。
> ②時差を経度差÷15で求める。
> (例)東京⇔ニューヨーク
> (135＋75)÷15＝14(時間)
> ※東京のほうがニューヨークより14時間早い。

☑ 4. 都道府県と地域区分

(1) **47の都道府県**…1都（東京都），1道（北海道），2府（大阪府・京都府）と，43県からなる。

(2) **都道府県の特色**

◎面積…大きい順に，**北海道・岩手県・福島県**。最も小さいのは**香川県**（2021年）。

◎人口…多い順に，**東京都・神奈川県・大阪府**。最も少ないのは**鳥取県**（2020年）。

(3) **7地方区分**…北海道地方，東北地方，関東地方，中部地方，近畿地方，中国・四国地方，九州地方。

入試に
出る **実戦問題** ＞ **日本の位置**

☑ (1) 右の図は，日本とほぼ同経度にある国である。この国の名称を答えよ。

［**オーストラリア**］

☑ (2) (1)の国には，日本の標準時子午線が通っている。経度何度か。［**東経135度**］

さまざまな地域の暮らしと世界の宗教

☑ **1. 熱い地域 〈熱帯〉**

◎熱帯…赤道周辺や太平洋の島々。**熱帯雨林気候**と**サバナ気候**。

→伝統的な住居…**熱帯雨林（熱帯林）**の葉や幹を利用。壁がなく風通しがよい住居、湿気を防ぐための**高床**の住居。

▲高床の住居（ピクスタ）

☑ **2. 乾燥した地域 〈乾燥帯〉**

(1)**乾燥帯**…砂漠気候と**ステップ気候**。

(2)**アラビア半島**…**オアシス**周辺で，**かんがい**などによる農業。

(3)**サハラ砂漠の南のサヘル**…羊の**遊牧**，焼畑農業，日干しれんがの住居。砂漠化の進行が深刻。

☑ **3. 温暖な地域 〈温帯〉**

◎温帯…**温暖湿潤気候**，**西岸海洋性気候**，**地中海性気候**。

→スペイン（地中海性気候）…夏は乾燥，冬は雨が多い。夏の強い日差しをさえぎるための，窓が小さく壁の厚い石の家。

☑ **4. 寒い地域〈冷帯（亜寒帯）と寒帯〉**

(1)**冷帯（亜寒帯）**…**針葉樹**の森林（**タイガ**）が広がる。

◎シベリア…**永久凍土**が広がる。寒さを防ぐための二重の窓。建物から出る熱が永久凍土に伝わるのを防ぐ**高床の建物**。

(2)**寒帯**…1年中寒さが厳しい。**ツンドラ気候**と**氷雪気候**

◎カナダ北部…先住民の**イヌイット**。カリブー（トナカイ）などの狩り，移動生活→近年は定住化が進む。

☑ **5. 標高の高い地域 〈高地〉**

◎アンデス山脈…**高山気候**の地域。とうもろこし・じゃがいもの栽培。**リャマ・アルパカ**の**放牧**。日干しれんがや石の住居。

> **入試ナビ** さまざまな自然環境における，住居をはじめとする暮らしの様子と近年の変化，宗教と暮らしの関わりを押さえておこう。

☑ 6. 世界の宗教と衣食住

(1) 仏教・キリスト教・イスラム教は**三大宗教**ともいう。

◎**仏教**…東南アジアから東アジアなど。

◎**キリスト教**…ヨーロッパ，南北アメリカやオセアニアなど。

◎**イスラム教**…西アジア，アフリカ北部，東南アジアなど。

◎そのほか，インドの**ヒンドゥー教**，ユダヤ人の
ユダヤ教，日本の**神道**など。

▲イスラム教徒
の女性の衣服

(2) **宗教と暮らし**

◎**イスラム教徒**…聖典「コーラン」に基づく生活。豚肉を食べず，飲酒をしない。女性は肌を見せない。

◎**ヒンドゥー教徒**…牛は神の使いとされ，牛肉を食べない。

(3) **世界の衣服**…気候に合った素材や宗教の教えに基づく衣服

◎伝統的な民族衣装…アンデス山脈の高地では，アルパカの毛でつくった**ポンチョ**と呼ばれる衣服で寒さを防いでいる。

(4) **世界の住居**…森林の多い地域の**木の家**，乾燥した地域の**日干しれんが**の家，モンゴルの羊毛フェルトを用いた**ゲル**など。

(5) **世界の食事**…主な主食は**米・小麦・とうもろこし**など。

実戦問題 ＞ 寒い地域の暮らし

☑ 右の写真は，寒い地域でみられる建物で，建物から出る熱が（　　　）をとかさないように高床になっている。（　　　）に当てはまる語句を答えよ。　　[永久凍土]

4 アジア州の様子

☑ 1. アジア州の自然と人口

(1) **地形**…ネパール・中国などの国境に**ヒマラヤ山脈**。中国の**長江・黄河**のほか，メコン川，ガンジス川などの大河。

(2) **気候**…赤道付近の**熱帯**からシベリア北部の**寒帯**までさまざまな気候。**季節風（モンスーン）**の影響を強く受ける東南・南アジアに**雨季と乾季**。西・中央アジアには**乾燥帯**が広がる。

(3) **人口**…**世界の総人口の6割**が暮らす。**中国とインド**は14億人以上。かつて中国は**一人っ子政策**で人口抑制（2015年に廃止）。

☑ 2. アジア州の農業

(1) **稲作**…東・東南・南アジアでさかん。東南アジアで**二期作**。**インド・タイ・ベトナム**は世界有数の**米の輸出国**。

(2) **プランテーション**…熱帯地域の大農園。天然ゴム・バナナ・**油やし**などを栽培。

▲中国の農業地域

(3) その他…デカン高原（インド）で**綿花**，アッサム地方やスリランカで**茶**の栽培。

☑ 3. アジア州の鉱工業

(1) **鉱産資源の分布**

◎**石油**…**ペルシャ湾岸**は世界最大の産出地→産油国は**石油輸出国機構（OPEC）**に加盟。ほか，中央アジアなどで産出。

◎**レアメタル**（希少金属）…中央アジアなどで産出。

▲米の輸出量の割合

インド 23.0%
タイ 16.2
ベトナム 12.9
パキスタン 10.8
アメリカ合衆国 7.2
その他
計 4236万t
（2019年） 「世界国勢図会」

入試ナビ　季節風の影響が強い地域で稲作がさかんなことを押さえよう。
中国の経済特区，インドのICT関連産業も重要。

★★★
★★★
★★

(2) 工業がさかんな国・地域

◎ 中国…沿海部に**経済特区**を設け，外国企業を誘致。

◎ 韓国…1970年代から日本など外国の資金・技術援助によって重化学工業が発展→**アジアNIES（新興工業経済地域）** の１つに。1990年代以降，情報通信技術（ICT）関連産業が発展。

◎ インド…南部の**ベンガルール**に欧米の企業が進出し，**情報通信技術（ICT）関連産業**が急速に発展。

◎ 東南アジア…シンガポール・マレーシア・タイ・インドネシア・ベトナムに日本をはじめとする外国企業が進出し，工業化→ほとんどの国が**東南アジア諸国連合（ASEAN）** に加盟。**華人**と呼ばれる中国系の人々が活躍。

! 知っトク情報

時差を生かしたICT関連産業

インドとアメリカ合衆国の時差は約半日。そこで，アメリカが夜の間，インドの企業がアメリカの企業の業務を請け負うことで，インドのICT関連産業は大きく成長した。

入試に出る **実戦問題** ＞ **アジア州の自然と農業**

☑ (1) 右のグラフは，ある農作物の輸出量の割合である。この農作物は何か。

[米]

☑ (2) 東南アジアで行われている(1)の栽培方法を，ア〜ウから１つ選べ。
ア　二期作　イ　二毛作　ウ　輪作

[ア]

計4236万t

インド 23.0%	16.2	12.9	10.8	7.2	その他

タイ　ベトナム
パキスタン　アメリカ合衆国
(2019年)　「世界国勢図会」

5 ヨーロッパ州の様子

☑ 1. ヨーロッパ州の自然

(1)**地形**…南部に**アルプス山脈**。スカンディナビア半島に**フィヨルド**。ライン川などの**国際河川**。

(2)**気候**…暖流の**北大西洋海流**とその上を吹く**偏西風**の影響で，高緯度のわりに温暖。

☑ 2. ヨーロッパ州の文化

(1)**言語と民族**…主に，**ゲルマン系・ラテン系・スラブ系**。

(2)**共通の文化**…**キリスト教**の教えに基づく生活→日曜日の礼拝など。

☑ 3. ヨーロッパ州の統合

(1)**歩み**…1967年，ヨーロッパ共同体（EC）が発足→1993年，**ヨーロッパ連合（EU）**に発展→2020年，**イギリスがEUを離脱**。加盟国は27か国に（2022年7月現在）。

(2)**EUの政策**…共通通貨**ユーロ**の導入。関税の撤廃。

(3)**EUの課題**…域内の**経済格差の拡大**，移民や難民の増加。

☑ 4. ヨーロッパ州の農業

(1)**混合農業**…小麦・じゃがいも・ライ麦などの**食用作物**と**家畜のえさにする作物**の栽培と，豚や牛などの**家畜の飼育**を組み合わせて行う。アルプス山脈より北側。

(2)**酪農**…牧草を栽培して乳牛を飼育し，牛乳・チーズ・バターなどを生産。デンマークやオランダなどの冷涼な地域。

! 知っ卜ク情報

キリスト教の3つの宗派

プロテスタント…イギリス・ドイツ・スウェーデンなどで信仰する人々が多い。

カトリック…フランス・イタリア・スペインなどで信仰する人々が多い。

正教会…ロシアやギリシャなどで信仰する人々が多い。

入試ナビ

EUについての出題が多い。しっかり理解しておこう。
地中海式農業と気候の特色，栽培されている農作物を押さえよう。

(3) **地中海式農業**… 夏に高温と**乾燥**に強い**オリーブ・ぶどう**などの果樹，降水量が多くなる冬に**小麦**を栽培。アルプス山脈の南側。

▲ヨーロッパの農業地域

5. ヨーロッパ州の工業と交通

(1) **工業**… 医薬品や航空機などの**先端技術（ハイテク）産業**が成長。**航空機**の製造では国を越えた協力体制（国際分業）。

(2) **交通**… 高速鉄道の**ユーロスター**など，国境を越える交通網を整備。

▲オリーブの生産量の割合

6. 持続可能な社会に向けて

(1) **環境問題**… 工業の発展による**酸性雨**→広範囲に深刻な被害。

(2) **取り組み**… **パークアンドライド**の導入で都市中心部への自動車の乗り入れを制限。**再生可能エネルギー**の利用の推進。

入試に出る **実戦問題** ＞ **ヨーロッパ州の農業**

(1) 右の地図のＡで栽培がさかんな農作物はア，イのどちらか。
   ア オリーブ イ ライ麦

   [ア]

(2) Ｂの地域で行われている，食用作物や家畜のえさの栽培と家畜の飼育を組み合わせた農業を何というか。

   [混合農業]

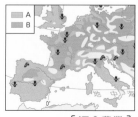

北アメリカ州の様子①

☑ 1. 北アメリカ州の自然と歩み

(1) **地形**…西部に**ロッキー山脈**，東部に**アパラチア山脈**。その間に**グレートプレーンズ**，**プレーリー**，**ミシシッピ川**が流れる中央平原。アメリカ合衆国（がっしゅうこく）とカナダの国境に**五大湖**（ごだいこ）。

(2) **歩み**…もともと**先住民**が住む。16〜17世紀以降，**スペイン**がメキシコなどに，**イギリス・フランス**が北アメリカに植民地をつくり，ヨーロッパからの**移民**が増加。のちに本国から独立。

☑ 2. 北アメリカ州の農業

(1) **アメリカ合衆国**

◎ **企業的（きぎょうてき）な農業**…広大な農場で労働者を雇（やと）い，大型機械を使って行う。利益を高めることを目指す。

◎ **適地適作（てきちてきさく）**…その土地の気候や土壌（どじょう）など，環境（かんきょう）に適した農作物を栽培（さいばい）。

▲ アメリカ合衆国の農業地域

	小麦
	綿花
	放牧
	酪農
	各種作物
	飼料穀物と放牧
	野菜・くだものなど
	非農業地

◎ **「世界の食料庫」**…小麦・とうもろこしなど，多くの農作物を世界中に輸出。

◎ **アグリビジネスが発達**…バイオテクノロジーを利用した新種の開発など。

◎ **穀物メジャー（こくもつ）**…巨大企業（きょだいきぎょう）。世界の穀物の流通に大きな影響（えいきょう）。

ロシア 17.8%
アメリカ 15.1
カナダ 12.7
フランス 11.1
ウクライナ 7.4
その他
小麦 計1.8億t
(2019年)　「世界国勢図会」

▲ 小麦の輸出量の割合

(2) **カナダ・メキシコ**…カナダは**小麦**の輸出量が世界有数。メキシコで，とうもろこし・さとうきびの栽培。

入試ナビ　アメリカ合衆国の農業地域の分布を覚えておこう。
サンベルトとシリコンバレーの位置を押さえておこう。

★★★★
★★★★

☑ **3. アメリカ合衆国の鉱工業**

(1)**豊かな鉱産資源**…メキシコ湾岸油
田などで**石油**，アパラチア炭田など
で**石炭**，メサビ鉄山などで**鉄鉱石**。
近年，**シェールガス**の開発。

▲アメリカ合衆国の鉱工業地域

◆ 石油　▲ 鉄鉱石　■ 化学工業　★ 航空機産業
● 石炭　▲ 鉄鋼業　● 自動車工業　シェールガス田

(2)**カナダ・メキシコとの関係**…アメリ
カから自動車などの工場が進出。
3国は**貿易の拡大**のための協定を結
ぶ。2020年に**米国・メキシコ・カナダ協定（USMCA）**が発効。

(3)**アメリカ合衆国の工業地域**

◎19世紀以降，ピッツバーグで**鉄鋼業**が発達→20世紀初め，
デトロイトで**大量生産方式**による**自動車工業**。

◎**サンベルト**…北緯**37**度以南の地域。**先端技術（ハイテク）
産業**が発達し，現在，工業の中心に。サンフランシスコの南
の**シリコンバレー**に**情報通信技術（ICT）**関連産業が集中。

入試に出る　実戦問題 ＞ **北アメリカ州の農業と工業**

☑(1)右の地図のAで栽培がさかんな農作物
を，ア〜ウから1つ選べ。
　ア　米　　**イ**　とうもろこし
　ウ　小麦　　　　　　　　　　［　ウ　］

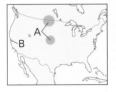

☑(2)Bのシリコンバレーで発達している産
業を，ア〜ウから1つ選べ。
　ア　自動車工業　**イ**　ICT産業　**ウ**　航空機産業　　　［　イ　］

北アメリカ州の様子②／南アメリカ州の様子

☑ 1. アメリカ合衆国の民族と生活様式

(1) **経済**…アメリカ合衆国に本社を置く**多国籍企業**が世界中に進出。

(2) **民族**…先住民は**ネイティブアメリカン**。17世紀以降やってきた**ヨーロッパ系**の人々，**奴隷**として連れてこられた**アフリカ系**の人々のほか，世界中からの**移民**。近年は**スペイン語**を話す**ヒスパニック**が増加。

ネイティブアメリカン 0.8
アジア系 5.4
その他
アフリカ系 12.7
ヨーロッパ系 72.6%

(2016年)
※総人口のうち，17.8%がヒスパニック。

▲アメリカ合衆国の人種・民族構成
U.S.Census Bureau，ほか

> **! 知っトク情報**
>
> **カナダの民族・言語**
>
> カナダの国民の多くはイギリス系だが，東部のケベック州などフランス系の住民が多い地域もある。そのため，英語とフランス語を国の公用語としている。

(3) **車社会**…自動車が日常に不可欠→広い駐車場のある郊外の**ショッピングセンター**で，大量にまとめ買い。

(4) **大量生産・大量消費**の生活様式…新しい製品を大量に生産し大量に消費→コンビニエンスストア，**ファストフード店**などが生まれ，**多国籍企業**によって世界中に広まる。

☑ 2. 南アメリカ州の様子

(1) **自然**…西部に**アンデス山脈**が南北に連なる。北部の赤道付近を**流域面積世界一**の**アマゾン川**が流れる。

(2) **農業の特色**

　◎ ブラジル…古くから大農園で**コーヒー**を栽培。近年はさとうきびや大豆，鶏肉・牛肉なども生産→多角化を進める。

　◎ アルゼンチン…**パンパ**と呼ばれる草原地帯で大豆の栽培や，牛や羊の放牧。

インドネシア
その他
ブラジル 30.0%
計 1004万t
ベトナム 16.8
7.6 8.8
コロンビア

(2019年)

▲コーヒー豆の生産量の割合
「世界国勢図会」

入試 ナビ

ヒスパニックは，どのような人々か理解しておこう。
熱帯林の減少の原因と対策を押さえておこう。

★★★
★★★
★★★

◎アンデス山脈で，**リャマ**や**アルパカ**の放牧。

(3) **鉱産資源**…ブラジルで**カラジャス**を中心に**鉄鉱石**。ベネズエラ・エクアドルで**石油**，チリ・ペルーで**銅**，チリ・ボリビア・アルゼンチンで**レアメタル**（希少金属）。

☑ **3. ブラジルの開発と環境保全**

(1) **アマゾン川流域の開発**…道路や農地などをつくるために大量に熱帯林を伐採→**熱帯林が減少**→**地球温暖化が進行**

(2) **熱帯林の保護**…一部を国立公園や世界遺産など保護地域に指定。

(3) **二酸化炭素の排出を抑える取り組み**…さとうきびを原料とする**バイオエタノール**（バイオ燃料）で走る自動車が普及。

> **❗知っトク情報**
>
> **ブラジルの経済成長**
>
> ブラジルは1970年代から工業化が進み，ロシア，インド，中国，南アフリカ共和国とともにBRICSと呼ばれている。現在は，自動車や航空機，電子部品などの輸出も行われ，世界有数の工業国となっている。

入試に 出る **実戦問題** ＞ **南アメリカ州の自然と鉱業**

☑ (1) 右の地図のA～Cのうち，熱帯林の減少が深刻な地域を1つ選べ。

[**A**]

☑ (2) 右の地図のXのカラジャスを中心に採掘され，日本へも多く輸出されている鉱産資源を，ア～エから1つ選べ。

ア 銅　イ 石炭
ウ 石油　エ 鉄鉱石　[**エ**]

☑ **1. アフリカ州の様子**

(1)自然 … 東部に世界最長の**ナイル川**。北部に世界最大の**サハラ砂漠**，その南の縁に沿った**サヘル**で砂漠化が進行。

(2)歩み

◎16世紀以降，多くの人が**奴隷**として南北アメリカ大陸へ→20世紀前半，ほとんどの地域がヨーロッパ諸国の**植民地**として分割→1960年に多くの国が独立。

◎南アフリカ共和国 … **アパルトヘイト**（人種隔離政策）廃止後も人種間の貧富の差が残る。

(3)農業 … 植民地時代に開かれた**プランテーション（大農園）**で，輸出用の作物を栽培→ギニア湾岸の**コートジボワール**や**ガーナ**で**カカオ**，ケニアで**コーヒー・茶**の栽培。

▲カカオの生産量の割合

(4)主な鉱産資源

◎**金** … 南アフリカ共和国やコンゴ民主共和国などで産出。

◎**ダイヤモンド** … **ボツワナ・コンゴ民主共和国**などで産出。

◎**石油** … **ナイジェリア・アンゴラ**などで産出。

◎**レアメタル（希少金属）** … **コンゴ民主共和国**や南アフリカ共和国など。

> ⚠ 🔍**知っトク情報**
> **モノカルチャー経済**
>
> アフリカの国に多い特定の農作物や鉱産資源の輸出に頼る経済を，**モノカルチャー経済**という。この経済の国は，天候や国際価格の下落の影響などを受けやすく，国の経済が安定しないという問題が生じている。

2. オセアニア州の様子

(1) **歩み**…オーストラリアの先住民は**アボリジニ**，ニュージーランドの先住民は**マオリ**。18世紀以降，イギリスの植民地とされ，イギリスからの**移民**によって開拓(かいたく)が進む。

▲オーストラリアの農業地域

(2) 農業…オーストラリアやニュージーランドで，羊の飼育。オーストラリアの東部や南西部で牧畜(ぼくちく)と小麦などの栽培を組み合わせた農業。

(3) **オーストラリアの鉱産資源**…北東部・南東部で石炭，北西部で鉄鉱石。各地に金，銅，ボーキサイト，ウランなどの鉱山。

(4) **多文化社会へ**…オーストラリアでは**白豪主義**(はくごう)政策の撤廃(てっぱい)以降，アジアからの移民が増加→現在は先住民をはじめ多様な人々が共存し，互いの文化を尊重し合う**多文化社会**を目指す。

実戦問題 ▷ アフリカ州の社会と農業

(1) 次の文が述べている国の名を答えよ。
◇かつて，アパルトヘイトによって，少数の白人が非白人を差別した。　　　　　[**南アフリカ共和国**]

(2) 右のグラフは，ある農作物の生産量の割合である。この農作物をア～ウから1つ選べ。

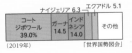

	ナイジェリア 6.3		エクアドル 5.1
コートジボワール 39.0%	ガーナ 14.5	インドネシア 14.0	その他

(2019年)　　　　　　　　　　　　「世界国勢図会」

ア　コーヒー　イ　カカオ　ウ　茶　　　　[**イ**]

【地理】第3章 身近な地域の調査

地形図の読み取り

☑ 1. 地形図の読み取り

(1)地形図 … 国土交通省 の **国土地理院** が 発行。1 万分の1，**2 万5千分の1**，**5 万分の1** の地形図がある。

(2)縮尺 … 実際の距離を地図上に縮めた割合。

(3)実際の距離の求め方 … **地図上の長さ×縮尺の分母** で計算する。

> **例** 2 万5千分の1の地形図で2cmの実際の距離は，
> 2(cm)×25000＝50000(cm)＝500(m) になる。
>
> **注** 地図上の長さは，実際の距離×縮尺で求める。

(4)等高線 … 主曲線は，2 万5千分の1の地形図では**10**mごと，5 万分の1の地形図では**20**mごと。間隔が**狭い**と急傾斜，**広い**とゆるい傾斜になる。

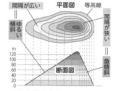

▲ 等高線と土地の傾斜

(5)方位 … 8 方位や16方位で示す。ことわりがない場合，上が**北**になる。

◎	[市(区)役所]	命	[老人ホーム]	˶ ˶	[田]
✖	小・中学校	卍	寺 院	ᵛ ᵛ ᵛ	畑
⊖	[郵 便 局]	ㅒ	[神 社]	ᵒ ᵒ	[果 樹 園]
⊗	[警 察 署]	Y	[消 防 署]	∴	[茶 畑]
✕	交 番	☆	[発電所・変電所]	⊔	荒 地
⊕	[病 院]	❑	図 書 館	Q	[広葉樹林]
⊕	保 健 所	血	博物館・美術館	∧	針 葉 樹 林

▲ 主な地図記号

☑ **2. 身近な地域の調査**

(1)調査の手順…調査テーマの決定→**仮説を立てる**→調査方法を考える。

(2)調査方法

◎ **野外観察**…地域を歩いて観察。歩く道順や調べることを書いた**ルートマップ**があると便利。

◎ **聞き取り調査**…詳しい人に直接話を聞く。

◎ **文献調査**…図書館や市役所で，地図や写真，統計資料などを使って調べる。

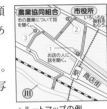

▲ルートマップの例

(3)調査結果のまとめ…資料の整理→意見の交換→レポートの作成。

(4)レポートのつくり方…読みやすいように，箇条書きで簡潔にまとめる。グラフ・表・写真などを入れる。

第3章 身近な地域の調査

入試に出る 実戦問題 > 地形図の読み取り

☑ (1)右の地形図のAの記号を，ア～エから1つ選べ。

　ア　寺院　　イ　図書館

　ウ　博物館・美術館

　エ　老人ホーム　　[**ウ**]

☑ (2)Bの地点は何mに位置するか。　　[**530** m]

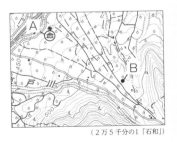

(2万5千分の1「石和」)

調査のしかた

☑ **1. 調査のしかた**

(1)**調査の手順**…調査テーマの決定→**仮説**を立てる→調査。

(2)**調査方法**

◎**インターネット**を活用する…国や地域の大使館や観光局，外務省のウェブサイトなどで調べる。

◎**文献**を調べる…図書館などで，調べたい国や地域に関する本・資料を調べる。

◎**統計資料**を調べる…地図帳の統計や各国の統計データを集めた資料で，情報を収集する。

> **! 知っトク情報**
>
> **テーマを決める視点**
>
> **自然・環境**…面積・気温・降水量など。
>
> **生活・文化**…伝統的な衣食住・言語・宗教など。
>
> **産業**…農業・工業・鉱産資源など。
>
> **人口**…人口の分布・民族構成など。
>
> **地域間の結びつき**…交通網・貿易・通信ネットワークなど。

(3)その他…観光ガイドブック・テレビ番組・旅行記などを参考にするとよい。

☑ **2. グラフ・主題図の読み取り**

(1)**グラフの読み取り**…タイトルのチェック，**単位**・年次の確認→大きい数値や小さい数値，順位などを押さえる。

(2)**主題図**の読み取り

◎凡例・出典・年次を確認。

◎凡例が示すものをみて，多い（広い），少ない（せまい）を確認。

◎凡例がどのような地域に分布しているか，ほかの図や資料と見比べて特色をつかむ。

☑ **3. 調査のまとめと発表**

(1) **レポート**の書き方…見出し（タイトル）をつける→動機・目的・仮説を書く→調査方法を書く→調査結果を書く→まとめを書く→参考資料を書く。

▲レポートの一例

(2) **グラフの使い方**…量を比べるときは**棒**グラフ，量などの変化を表すときは**折れ線**グラフ，割合を表すときは**円**グラフ・**帯**グラフが適している。

(3) **主題図の使い方**…統計データを地図に取り込み，円や棒などで表現。記号やマークを使う。

(4) **発表のしかた**…レポート・壁新聞などを掲示・回覧する**展示発表**，プレゼンテーションソフトを使っての**口頭発表**などがある。

入試に出る 実戦問題 > 調査のまとめ

☑(1) 割合を表すのに適しているグラフは，右のアとイのどちらか。
[**ア**]

ア
円グラフ

イ
折れ線グラフ

☑(2) 壁新聞は展示発表の１つである。口頭発表の例を１つ答えよ。
[(例) **プレゼンテーションソフトを使う**]

世界と日本の自然環境

☑ 1. 世界と日本の地形

(1) **2つの造山帯（変動帯）**…山地や山脈が連なるところ。日本列島が属する**環太平洋造山帯**とアルプス・ヒマラヤ造山帯。

(2) **日本の山地**…本州の中央部に**日本アルプス**（飛驒山脈・木曽山脈・赤石山脈）。**フォッサマグナ**を境に、山地・山脈は、東側はほぼ南北方向に、西側でほぼ東西方向にのびる。

(3) **日本の海岸**…岩石海岸・砂浜海岸・**リアス海岸**。

(4) **日本周辺の海流**

◎ 太平洋側…暖流の**黒潮（日本海流）**、寒流の**親潮（千島海流）**。

◎ 日本海側…暖流の**対馬海流**、寒流のリマン海流。

(5) **日本の平地**…**平野**、**盆地**、台地など。

◎ **扇状地**…扇状の緩やかな傾斜地。

◎ **三角州**…河口に形成。

▲扇状地（甲府盆地）

☑ 2. 日本の気候

(1) **日本の気候**…大部分が**温帯**で四季の変化がある。**季節風（モンスーン）**の影響。6～7月に**梅雨**、夏から秋に**台風**。

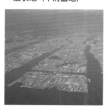

▲三角州（広島平野）
（フォト・オリジナル）

(2) **北海道の気候**…冷帯（亜寒帯）に属する。夏も涼しく、冬の寒さが厳しい。はっきりした梅雨はない。

(3) **太平洋側**の気候…夏は**南東**の**季節風**の影響で雨が多く、蒸し暑い。冬は乾いた晴天の日が多い。

(4) **日本海側**の気候…冬は**北西**の**季節風**の影響で雪が多い。

(5) **中央高地（内陸性）の気候**…一年を通して気温が低く，降水量が少ない。夏と冬の気温差，昼と夜の気温差が大きい。

(6) **瀬戸内の気候**…一年を通して降水量が少なく，温暖。

(7) **南西諸島の気候**…亜熱帯とも呼ばれる。一年を通して雨が多く，冬でも温暖。

▲日本の気候区分

3. 日本の自然災害と防災

(1) **自然災害**…地震・津波・火山の噴火・洪水・土石流・高潮・冷害など。

(2) **災害への備え**…被害が及ぶのを防ぐ防災・被害を最小限に抑える減災への取り組みが進められる。

◎ **ハザードマップ（防災マップ）** の作成。

(3) **防災意識**…公助・自助・共助の考えを高める。

> **！知っトク情報**
>
> **自助の取り組み**
>
> 　防災グッズ，食料や飲料の備蓄の用意，家具の置き方の点検，家族との安否確認の方法，避難所へのルート確認など。

入試に出る 実戦問題 ＞日本の地形と気候

(1) 右の地図のＡにみられる，複雑に入り組んだ海岸地形を何というか。

[**リアス海岸**]

(2) Ａの地域は，何という気候に属するか。

[**太平洋側の気候**]

世界と日本の人口／資源とエネルギー

☑ **1. 世界の人口**

(1) **総人口** … 約79億人。**アジア**州が全体の約6割（2021年）。

(2) **発展途上国の人口** … 出生率・死亡率がともに高い→人口が急激に増加する**人口爆発**がみられる。

(3) **先進国の人口** … 出生率の低下→**少子化**が進む。平均寿命の伸び→**高齢化**が進む。

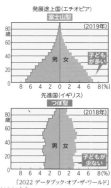

発展途上国（エチオピア）

富士山型

(2019年)

男 女

子どもが多い

先進国（イギリス）

つぼ型

(2018年)

男 女

子どもが少ない

「2022 データブック・オブ・ザ・ワールド」

☑ **2. 日本の人口**

(1) **総人口** … 約1億2519万人（2022年）。**太平洋ベルト**に人口が集中。

(2) **過密地域** … 東京・大阪・名古屋の**三大都市圏**に総人口の4割以上が集中→騒音・大気汚染・交通渋滞などの都市問題が発生。

(3) **過疎地域** … 農山村や離島→交通機関の廃止や病院・学校の閉鎖など→移住を誘致（**Iターン，Uターン**）。

(4) **人口構成** … 日本は**少子化**と**高齢化**が同時に進んだ**少子高齢社会**→労働力の不足や年金などの社会保障費の不足などが心配される。

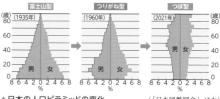

富士山型 (1935年) / つりがね型 (1960年) / つぼ型 (2021年)

男 女

▲日本の人口ピラミッドの変化 （「日本国勢図会」ほか）

☑ **3. 資源とエネルギー**

(1) **資源の分布** … 石油→**ペルシャ湾岸**に集中，石炭→世界各地。

(2) **日本の鉱産資源** … **輸入に頼る**。**エネルギー自給率は低い。**

(3) **日本の電力** … **火力発電**が中心。

▲日本の主な発電所の分布　「県勢」

- 水力発電所
- 火力発電所
- 原子力発電所

(2020，2021年)

◎火力発電 … 臨海部に立地。**地球温暖化**の原因となる，二酸化炭素など**温室効果ガス**を発生。

◎水力発電 … 山間部に建設したダムの水を利用。

◎**原子力発電** … 東日本大震災での原子力発電所の事故で，利用を見直す議論が続く。

(4) **環境への配慮** … **持続可能な社会**を実現するため。

◎**再生可能エネルギー**の活用 … **太陽光・風力・地熱・バイオマス**，バイオ燃料など。

◎**リサイクル**の推進 … レアメタル（希少金属）の再利用など。

入試に出る　実戦問題　＞世界と日本の人口

☑ (1) 右の人口ピラミッドは先進国，発展途上国のどちらのものか。　　　[**先進国**]

☑ (2) 日本では，1935年と2021年のどちらが右の人口ピラミッドに近い形となっているか。　　　　　　　　　[**2021年**]

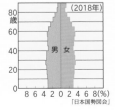

(2018年)

男　女

8 6 4 2 0 2 4 6 8(%)

「日本国勢図会」

日本の産業／交通網と通信網

☑ 1. 日本の農林水産業（第一次産業）

(1) **さまざまな農業**…稲作，近郊農業，**促成栽培**や抑制栽培。

◎ 課題…貿易の自由化で**食料自給率**が低下，農業人口の減少と高齢化など。

(2) **林業**…天然または人工の森林で，樹木を伐採して木材を生産。近年，国産材の生産量は増加。

(3) **水産業**…**排他的経済水域**の設定によって**遠洋漁業**が衰退→「とる漁業」から「**育てる漁業**」（養殖業や栽培漁業）へ転換。

品物	自給率
米	97%
小麦	15%
大豆	6%
野菜	80%
果実	38%

（2020年度）　「日本国勢図会」
▲ 日本の食料自給率

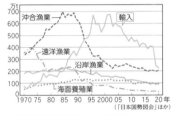

▲ 漁業種類別漁獲量と輸入量の変化

☑ 2. 日本の工業（第二次産業）

(1) **工業のさかんな地域**…**太平洋ベルト**に工業地帯・地域が集中。
関東南部から九州北部にかけて連なる
内陸部では高速道路や空港の整備によって，情報通信機械や自動車などの**工業団地**が進出。

(2) **工業の変化**…加工貿易で工業が発展→海外に工場を移す企業が増加→製品輸入が増加し，**産業の空洞化**が進む。

☑ 3. 日本の商業・サービス業（第三次産業）

(1) **商業（小売業や卸売業）の変化**…郊外に広い駐車場のある大型ショッピングセンターや専門店が進出。インターネットを利用した**電子商取引**が普及し，買い物をする手段も多様化。

(2)**サービス業の変化**…情報や通信に関する業種が成長。映像・ゲームなどに関する**コンテンツ産業**が世界から注目。

◎高齢化に伴い，**介護サービス**などの医療・福祉サービスを提供する業種が増加。

✓ 4. 日本の交通網・通信網

(1)**貨物輸送**…原油や自動車など重い製品は**海上輸送**，軽くて高価な電子部品，新鮮さが必要な野菜などは**航空輸送**が利用される。

	鉄道	自動車	内航海運
1965年度	30.7%	26.0	43.3
2018年度	4.3%	55.5	39.9 航空 0.2

「日本国勢図会」ほか

▲ 国内の貨物輸送の割合の変化

(2)**高速交通網**…新幹線・高速道路など。

(3)**情報通信網**…情報通信技術（**ICT**）の発達でインターネットでの買い物や遠隔医療が可能に。一方，**情報格差**（デジタル・デバイド）も発生。

入試に出る 実戦問題 ＞日本の漁業と運輸

□(1)右の図のA～Dのうち，遠洋漁業を1つ選べ。

［ **B** ］

□(2)A～Dのうち，「育てる漁業」に含まれるものを1つ選べ。

［ **D** ］

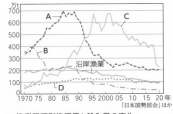

▲ 漁業種類別漁獲量と輸入量の変化

□(3)原油や液化天然ガスなど資源の輸入や，機械や自動車など重い製品の輸出に利用されている輸送手段は，海上輸送・航空輸送のどちらか。［ **海上輸送** ］

九州地方の様子

☑ 1. 九州地方の自然

(1)**山地**…中央部に**九州山地**。世界最大級の**カルデラ**がある**阿蘇山**や雲仙岳・桜島（御岳）など火山が多い。

(2)**気候**…暖流の影響で温暖。南西諸島は**亜熱帯の気候**。**梅雨**から台風の時期にかけての**集中豪雨**で洪水や土石流などが発生。

☑ 2. 九州地方の農業

(1)**北部**…**筑紫平野**は九州を代表する**稲作**地帯。冬に小麦などを裏作として栽培する**二毛作**。園芸農業。

(2)**南部**…宮崎平野でピーマン・きゅうりなどの**促成栽培**。南西諸島で**さとうきび**・パイナップルの栽培。

(3)**畜産**…**シラス台地**が広がる鹿児島県と宮崎県南部で**肉牛・豚・鶏**の飼育。

◎ブランド化…「かごしま黒豚」,「みやざき地頭鶏」など。

☑ 3. 九州地方の工業・交通と観光業

(1)**北九州工業地帯（地域）の発展**

◎歩み…1901年,**八幡製鉄所**が操業開始→鉄鋼業が発達。

◎変化…1960年代に大気汚染や水質汚濁などの公害が深刻化,**エネルギー革命**などの影響で鉄鋼業が衰退。

! 知っトク情報

火山の地下熱の利用

九州地方では,火山の地下熱を利用した地熱発電が行われている。地熱発電は二酸化炭素をほとんど排出しない再生可能エネルギーの1つである。

▲八丁原地熱発電所
（大分県九重町）
(JSフォト)

計
929万頭

北海道
鹿児島 13.3%
宮崎 8.6
7.8
群馬 6.9
千葉 6.6
その他
(2021年)

▲豚の飼育頭数の割合
「県勢」

入試ナビ 宮崎平野の促成栽培，シラス台地の畜産は要チェック！ 沖縄県の観光業も押さえておこう。

★★★
★★

(2) **工業の変化**…金属工業から機械工業へ。

  ◎ 高速道路沿線や空港周辺に **IC（集積回路）** の工場が進出。

  ◎ 大規模な自動車工場が進出し，部品工場も増加。

(3) **交通**…大陸に近い **福岡市** は港町として発展。九州の各都市とは新幹線や高速道路によって短時間で結ばれ，また，福岡空港はアジアの主要都市と航空路線で結ばれている。

▲琉球王国時代の守礼門

(4) **観光業**…沖縄県では，**琉球王国** 時代の独特の文化や **さんご礁** が広がる美しい海を生かして，**観光業が発達**。

☑ **4. 環境問題と環境保全**

(1) **公害の発生**…熊本県水俣湾沿岸で **水俣病**，福岡県北九州市で大気汚染や水質汚濁などが発生。

(2) **現在**…水俣市・北九州市ともに **環境モデル都市** や **エコタウン** に選定→**持続可能な社会** の実現に向けて，市内に廃棄物をリサイクルするための工場を集めるなどの **エコタウン** 事業を展開。

入試に出る **実戦問題** ＞ **九州地方の地形と農業**

☑ (1) 右のグラフは，豚の飼育頭数の割合である。AとBの県をそれぞれ書け。

  [A **鹿児島県** B **宮崎県**]

☑ (2) A県とB県の南部に広がる火山灰が積もってできた台地を何というか。

A
北海道
13.3%

計
929万頭

B 8.6

7.8

群馬
6.9

千葉
6.6

その他

（2021年）

「県勢」

[**シラス台地**]

第5章 日本の諸地域

中国・四国地方の様子

☑ 1. 中国・四国地方の自然

(1)**山陰**…南部になだらかな**中国山地**。冬は北西の**季節風**の影響で，雪や雨が多い。

▲中国・四国地方の地域区分

(2)**瀬戸内**…瀬戸内海に小さな島々。季節風の影響が少なく，降水量が少ない→古くから**ため池**などを整備。

(3)**南四国**…北部に**四国山地**。南部に**高知平野**。夏は南東の季節風や台風の影響で，雨が多い。冬は黒潮（暖流）の影響で温暖。

☑ 2. 中国・四国地方の農業・水産業

(1)**山陰**…鳥取県で**なし**や**すいか**，砂丘周辺で**らっきょう**の栽培。同県の境港市にある境港は日本有数の水揚げ量のある漁港。

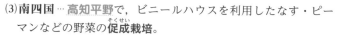

▲みかんの生産量の割合

計 76.6万t
和歌山 21.8%
静岡 15.6
愛媛 14.7
熊本 10.8
長崎 6.2
その他
（2020年）　「県勢」

(2)**瀬戸内**…日当たりのよい斜面で**みかん**の栽培→愛媛県の生産量は全国有数。岡山県でも**もも・ぶどう**の栽培。瀬戸内海で**たい**や**かき**などの**養殖業**。

(3)**南四国**…**高知平野**で，ビニールハウスを利用した**なす・ピー**マンなどの野菜の**促成栽培**。

☑ 3. 中国・四国地方の工業

(1)**瀬戸内工業地域**の発展…瀬戸内海沿岸の塩田の跡地や遠浅の海岸を埋め立てて，工業用地を整備→**石油化学工業**が発達し，岡山県倉敷市の水島地区・山口県周南市などに**石油化学コンビナート**，広島県福山市や呉市・岡山県倉敷市などで鉄鋼業，広島市で自動車工業が発達。

(2)**近年の取り組み**…外国との競争に勝つため，医薬品など，最先端の技術を用いた新たな製品開発が進む。

▲ 瀬戸内工業地域の主な工業

☑ **4. 中国・四国地方の交通と人口**

(1)**交通網**…山陽新幹線などが東西を結ぶ。**瀬戸大橋**などの**本州四国連絡橋**が本州と四国を結ぶ。

◎生活の変化…大都市に人が吸い寄せられる**ストロー現象**がみられる→地方都市の経済が衰退することも。

(2)**人口のかたより**…農山村・離島で人口が流出し，**過疎化**・高齢化が進む→**情報通信技術（ICT）**関連企業の誘致など→町おこし・村おこし（地域おこし）で地域を活性化。

入試に
出る **実戦問題** > **中国・四国地方の工業と都市**

☑ (1) ▲は，ある工業が発達している都市である。この工業をア〜ウから１つ選べ。

ア IC　　イ 石油化学
ウ 自動車　　　　　[**イ**]

☑ (2) Xはこの地方の地方中枢都市である。この都市はどこか。[**広島市**]

近畿地方の様子

☑ 1. 近畿地方の自然

(1)**北部**…若狭湾岸に<u>リアス海岸</u>。

(2)**中央部**…京阪神地域の水源で日本最大
の湖の<u>琵琶湖</u>，そこから流れ出る<u>淀川</u>。

◎琵琶湖の環境汚染…**赤潮（淡水赤潮）**
やアオコが発生→条例でりんを含む合
成洗剤の販売・使用を禁止。

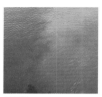

▲赤潮
（滋賀県琵琶湖環境科学研究セン
ター）

(3)**南部**…紀伊半島が太平洋に突き出て，
険しい<u>紀伊山地</u>が連なる。志摩半島にリアス海岸。

☑ 2. 大阪大都市圏（京阪神大都市圏）

(1)<u>大阪市</u>…江戸時代は商業の中心地「**天下の台所**」→明治時代
以降も**卸売業**が発達。現在，中心部で再開発が進む。

(2)**京都市**…1000年以上，都が置かれた「**古都**」

(3)**神戸市（兵庫県）**…江戸時代末期に神戸港が開港→国際貿易
都市として繁栄。**阪神・淡路大震災**で大きな被害。

☑ 3. 近畿地方の産業

(1)**農業**…和歌山県で，<u>みかん・うめ・か
き</u>の栽培。大都市周辺で近郊農業。

(2)**林業**…雨が多い紀伊山地で「**吉野すぎ**」，
「**尾鷲ひのき**」。

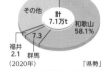

計
7.1万t
和歌山
58.1%

7.3

福井
2.1
群馬
（2020年）
「県勢」

▲うめの収穫量の割合

(3)<u>阪神工業地帯</u>の発展

◎歩み…明治時代から軽工業，高度経済成長の時期から，臨海
部で重化学工業が発達。1960年代に地盤沈下や大気汚染な
どの<u>公害</u>が深刻化。1980年代以降，工業出荷額が減少。

◎現在の臨海部…太陽光発電のパネルや蓄電池など新分野の工場，大型の物流施設・テーマパークなどが集まる。工業用水のリサイクルなど，**環境に配慮した取り組み**も進む。

◎**中小企業**の町工場…大阪府東部の東大阪市や八尾市に多い。優れた技術で高品質な部品を生産し，世界中に輸出。騒音や振動を条例で規制し，工場と住民が共生できるまちづくり。

☑ **4. 歴史的景観の保全**

(1) **文化財**…近畿地方各地に**世界遺産（文化遺産）**。国宝・重要文化財も多い。西陣織・清水焼や奈良墨などの**伝統的工芸品**の生産がさかん。

(2) **古都の景観保全**…京都市では条例で広告の規制。ビルの高さ制限。**町家**の保存・活用の取り組みも進む。

姫路城
古都京都の文化財
古都奈良の文化財
法隆寺地域の仏教建造物
百舌鳥・古市古墳群
紀伊山地の霊場と参詣道

▲近畿地方の世界文化遺産

第5章 日本の諸地域

入試に出る 実戦問題 ＞ 近畿地方の都市

☑◎ AとBの文は，どの都市について述べているか。ア～エから1つずつ選べ。

A 優れた技術で高い品質の部品を生産する中小企業の町工場が数多くある。

B 古くからの商業の中心地で，市内や郊外に問屋街がみられる。

ア 大阪 **イ** 京都 **ウ** 東大阪 **エ** 神戸

［A ウ B ア ］

中部地方の様子

☑ 1. 中部地方の自然

(1) **北陸**…信濃川下流域に越後平野。**世界有数の豪雪地帯。**

(2) **中央高地**…飛驒山脈・木曽山脈・赤石山脈からなる**日本アルプス**が連なる。

(3) **東海**…木曽川・長良川・揖斐川の下流域に広がる**濃尾平野**に，堤防で集落を囲んだ**輪中**。静岡県と山梨県の境に**富士山**。

▲ 濃尾平野の輪中
（フォト・オリジナル）

☑ 2. 中部地方の農業・水産業

(1) **北陸の農業**…越後平野は**水田単作**地帯。新潟県の「魚沼産コシヒカリ」などの**銘柄米**。金沢平野などで**早場米**。

(2) **中央高地の農業**…八ヶ岳のふもとなどで**レタス**などの**高原野菜**の抑制栽培。甲府盆地の**扇状地**でぶどう・ももの栽培。

(3) **東海の農業**…牧ノ原で**茶**，駿河湾沿いの丘陵地でみかん，渥美半島で**施設園芸農業**（メロン・**電照菊**）。

(4) **水産業**…**焼津港**（静岡県）は**遠洋漁業**の基地→まぐろ・かつおの水揚げ量が多い。

☑ 3. 中部地方の工業

(1) **中京工業地帯**…愛知県と三重県北部。**工業生産額日本一**で**機械工業**の割合が高い→**豊田市**で**自動車工業**，**四日市市**で**石油化学工業**，瀬戸市で**陶磁器**の生産。

> **! 知っトク情報**
>
> **電照菊**
>
> 夜に照明を当てて開花時期を遅らせる方法で栽培される菊。抑制栽培の1つで，出荷時期をずらすことで高い価格で売ることができる。

(2) **東海工業地域**… **浜松市**でオートバイ・自動車・楽器の生産。富士市で**製紙・パルプ工業**。

凡例
□ 製紙　□ 石油製品　一般機械　 情報通信機器　 輸送機械
 化学　 鉄鋼　 電気機械　 電子部品

▲中京工業地帯と東海工業地域の主な工業

(3) **中央高地**… 諏訪湖周辺で**精密機械工業**が発達→中央自動車道沿いにIC（集積回路）工場や電子部品などの工場が進出。

(4) **北陸**…富山県の**アルミニウム**工業。
　◎**地場産業**…福井県鯖江市の**めがねフレーム**，新潟県燕市の**洋食器**などの金属製品。

☑ 4. 他地域との結びつき

(1) **名古屋大都市圏**…東名高速道路や東海道新幹線，中部国際空港などによって，さまざまな地域と結ばれる。リニア中央新幹線も開業予定。

(2) **貿易港**…**名古屋港**からは自動車の輸出が多い。

入試に出る 実戦問題 > 中部地方の工業

☑ (1) 右の地図のAの港では，Bの都市で生産された製品の輸出が多い。この製品は何か。　　　[**自動車**]

☑ (2) Bの都市はどこか。　　　[**豊田市**]

【地理】第5章 日本の諸地域

関東地方の様子

☑ 1. 関東地方の自然

(1) **地形**…日本最大の<u>関東平野</u>に，火山灰が堆積した<u>関東ローム</u>で覆われた**台地**。**流域面積が日本最大の**<u>利根川</u>。

(2) **気候**…大部分が太平洋側の気候。北部には，冬に**からっ風**と呼ばれる乾いた冷たい北西の季節風が吹く。東京都に属する小笠原諸島は南西諸島と同じく一年中温暖。都市部で<u>ヒートアイランド現象</u>。

☑ 2. 関東地方の産業

(1) **農業**…都市の住民向けに，はくさい・ねぎ・ほうれんそうなどをつくる<u>近郊農業</u>がさかん。嬬恋村(群馬県)などの山間部で，冷涼な気候を生かしたキャベツやレタスなどの<u>高原野菜</u>の栽培。

(2) **工業地帯・地域の特色**

◎ <u>京浜工業地帯</u>…東京都と神奈川県を中心に形成。新聞社や出版社が多く情報が集まる東京では**印刷業**が発達。

◎ <u>京葉工業地域</u>…千葉県の東京湾岸に，大規模な**石油化学コンビナート**。

◎ <u>北関東工業地域</u>…群馬・栃木・茨城県で形成。高速道路の沿線に，電気機械・自動車の**工業団地**。日系ブラジル人が多く働く。

(2019年)

▲印刷・同業関連業の生産額の割合

☑ 3. 東京大都市圏と各地の結びつき

(1) **東京大都市圏**…日本の総人口の約**4分の1**が集中。**横浜市**・**川崎市**・さいたま市・千葉市などの**政令指定都市**。

(2) **都心・副都心** … 郊外から通勤・通学する人が多い→都心では、**昼間**人口が多く、**夜間**人口が少ない。

(3) **都市問題** … **過密**による問題。

◎ ごみの増加。

◎ 通勤・通学のラッシュ→時差通勤の推奨など。

◎ **ニュータウン**の住民の高齢化、建物の老朽化の問題。

(4) **都市機能の分散** … 横浜市に横浜「みなとみらい21」地区、さいたま市に「**さいたま新都心**」、千葉市に幕張新都心が開発。

▲周辺地域から東京中心部(23区)への通勤・通学者数
(2015年)(「国勢調査報告」平成27年)

☑ **4. 東京の機能**

(1) **機能** … 東京は日本の**首都**で、政治・経済の中心地。文化や情報の発信地でもある。

(2) **他地域との結びつき** … 東京を中心に交通網が放射状に発達。**成田国際空港**(千葉県)の貿易額は日本最大。**東京国際空港(羽田空港)**も国際線の発着が多い。

入試に出る 実戦問題 > 東京大都市圏の人口

☑ ◎ 右の表は、東京都・神奈川県・茨城県・千葉県の昼間人口と夜間人口である。茨城県をA〜Cから選べ。　　　[**B**]

都　県	昼間人口	夜間人口
A	832	913
B	284	292
C	1592	1352
千葉県	558	622

(2015年)(単位:万人)　　「県勢」

東北地方の様子

☑ 1. 東北地方の自然

(1) **山地** … ほぼ中央部を南北に **奥羽山脈**，西側に出羽山地，東側に北上高地。青森県と秋田県の県境に世界遺産（自然遺産）の **白神山地**。北上川下流域に仙台平野，最上川下流域に **庄内平野**。

(2) **海岸** … **三陸海岸** の南部に，岬と湾が入り組んだ **リアス海岸**。

(3) **気候** … 奥羽山脈を境に，東側は太平洋側の気候，西側は日本海側の気候。太平洋側は初夏から夏にかけて **やませ** が吹くと **冷害** が発生しやすくなる。

☑ 2. 東北地方の農業・水産業

(1) **稲作** … 秋田平野，仙台平野・庄内平野などで古くからさかん。

◎ よりおいしい **銘柄米** の開発が進む。

◎ **減反政策** … 2018年度に **廃止**。

(2) **果樹栽培** … 青森県の **津軽平野** を中心に **りんご**，山形盆地を中心に **さくらんぼ** と西洋なし，福島盆地を中心にも **もも** の栽培。

(3) **水産業** … 三陸海岸沖は **潮目（潮境）** がある好漁場。

◎ **養殖業** … 三陸海岸の入り江や陸奥湾では，**かき・わかめ・こんぶ・ほたて** など。2011年の **東日本大震災** で漁港や水産加工工場が打撃を受け，復興への努力が続く。

（2020年） 「県勢」

▲ りんごとさくらんぼの生産量の割合

☑ 3. 東北地方の工業

(1) **工業の成長** … 高速道路沿いに **工業団地**。電子部品や情報通信機械，自動車の部品や組み立ての工場が進出。

(2) **伝統産業**…**冬の農家の副業**として発達し，国の**伝統的工芸品**に指定されたものや，**地場産業**として発達したものもある。

青森県	津軽塗	**岩手県**	南部鉄器
宮城県	宮城伝統こけし	**秋田県**	樺細工
山形県	天童将棋駒	**福島県**	会津塗

宮城伝統こけし　　樺細工

▲東北地方の主な伝統的工芸品

☑ 4. 東北地方の伝統文化と人々の暮らし

(1) **主な夏祭り**…農業と結びついた祭りが多い。東北三大祭りである**青森ねぶた祭・秋田竿燈まつり・仙台七夕まつり**。

(2) **伝統的な景観**…岩手県に母屋と馬屋を合わせた**南部曲家**などの民家。

(3) **民俗行事**…男鹿半島(秋田県)のなまはげは「男鹿のナマハゲ」として国の**重要無形民俗文化財**に指定。

入試に出る　実戦問題　＞東北地方の工業と文化

☑ (1) 右の地図の。は，半導体や自動車などをつくる工場が集まる（　　　　）である。（　　　　）に当てはまる語句を答えよ。　　　　[**工業団地**]

☑ (2) X は夏の東北三大祭りの1つが開かれている都市である。この都市をア〜ウから1つ選べ。

　ア　秋田市　イ　盛岡市　ウ　福島市

　　　　　　　　　　　　　[**ア**]

。(30ha以上)
(2013年)
━ 高速道路
━ 主な道路
0　　100km

北海道地方の様子

☑ **1. 北海道地方の自然**

▲オホーツク海の流氷
(ピクスタ)

(1) **山地・山脈**…中央に**石狩山地**，北側に**北見山地**，**天塩山地**，南側に**日高山脈**。

(2) **火山・湖**…大雪山・有珠山などの火山，支笏湖・洞爺湖などのカルデラ湖→火山などによってつくられた美しい景観は**国立公園**に指定。

(3) **河川と平野**…石狩川流域に石狩平野，十勝川流域に十勝平野。東部に根釧台地。

(4) **気候**…冷帯（亜寒帯）に属する。**オホーツク海**沿岸には，冬に**流氷**。太平洋側では夏に**濃霧**が発生。

☑ **2. 北海道地方の農業**

(1) **稲作**…**石狩平野**や上川盆地など。

　◎かつての石狩平野は**泥炭地**で農業に不向き→**客土**による土地改良や排水施設の整備で稲作を発展させた。

(2) **畑作**…**十勝平野**などでさかん。小麦，てんさい・じゃがいも・豆類などの**輪作**。

(3) **酪農**…**根釧台地**や十勝平野でさかん。乳牛の飼育頭数は北海道が全国一。

> **!** 📖**知っトク情報**
> **輪作を行う理由**
> 　輪作は，同じ耕地で数種の作物を年ごとに一定の順序で栽培する方法。1種類の作物を同じ耕地で続けて栽培する（連作）と，土地の栄養が落ちるので，これを防ぐために行う。

☑ **3. 北海道地方の水産業・工業・観光業**

(1) **水産業**…かつては**北洋漁業**がさかん→排他的経済水域の設定で衰退→**持続可能な漁業**を目指し，「とる漁業」から「育てる漁業」（**養殖業**や**栽培漁業**）への転換が進む。

(2) **工業**…地元でとれるものを加工する工業がさかん。帯広で**食品工業**，苫小牧で**製紙・パルプ工業**，根室で**水産加工業**など。

▲北海道の工業生産額の割合

計 6.1兆円
食料品 36.3%
石油石炭製品 12.8
鉄鋼 6.5
その他
パルプ・紙 6.3
6.3
輸送用機械
（2019年）
「県勢」

(3) **自然を生かす観光業**…**さっぽろ雪まつり**，流氷観察，世界自然遺産の**知床**。

◎ 自然環境との共存…自然とのかかわりを学びながら観光も楽しむ**エコツーリズム**の取り組みも進む。

☑ 4. 北海道の歩みと暮らし

(1) **歩み**…古くから先住民族の**アイヌ**の人々が暮らす。明治時代に札幌に**開拓使**が置かれ大規模な開拓が進むと，独自の生活や文化を奪われる。**札幌市**は，開拓の中心地として計画的につくられた。

(2) **自然との共存**…洞爺湖や有珠山周辺は，環境や防災を学べる観光地として**世界ジオパーク**に認定。

> **！ 知っトク情報**
>
> **アイヌ文化の尊重**
>
> 近年はアイヌの人々の文化の伝承・再生を目指す取り組みが進められ，2019年には，アイヌの人々を北海道とその周辺の「先住民族」と明記する法律が制定された。

入試に出る 実戦問題 ＞ **北海道地方の農業と自然**

☑ (1) 泥炭地を，客土などによって稲作に適した土地に改良した地域はどこか。右の地図のA〜Cから1つ選べ。

[**A**]

☑ (2) Xは世界自然遺産に登録されている。この地域を何というか。漢字2字で答えよ。 [**知床**]

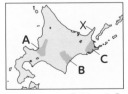

第5章 日本の諸地域

世界の気候と雨温図

世界の5つの気候帯, 日本の6つの気候区の分布と雨温図を押さえておこう。

寒帯（ツンドラ気候）
気温 ①バロー 降水量
平均気温-10.1℃
年降水量 144.6mm

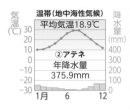

温帯（地中海性気候）
気温 降水量
②アテネ
平均気温18.9℃
年降水量 375.9mm

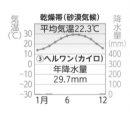

乾燥帯（砂漠気候）
気温 降水量
平均気温22.3℃
③ヘルワン（カイロ）
年降水量 29.7mm

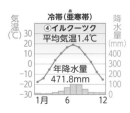

冷帯（亜寒帯）
気温 降水量
④イルクーツク
平均気温1.4℃
年降水量 471.8mm

熱帯
■ 熱帯雨林気候
■ サバナ気候

乾燥帯
□ ステップ気候
□ 砂漠気候

温帯
□ 地中海性気候
■ 温暖（温帯）湿潤気候
■ 西岸海洋性気候

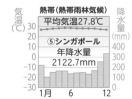

熱帯（熱帯雨林気候）
気温 降水量
平均気温27.8℃
⑤シンガポール
年降水量 2122.7mm

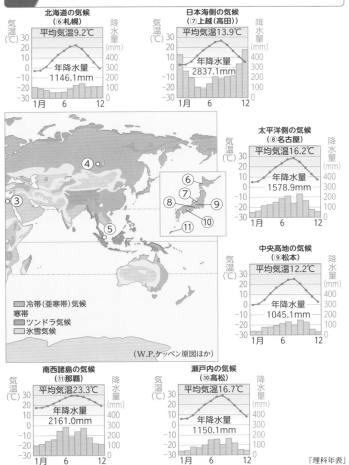

入試ナビ 降水量と冬の気温に着目して，雨温図を押さえておこう。
中央高地と瀬戸内の気候の違いに注目しよう。

北海道の気候
（⑥札幌）
気温（℃） 降水量（mm）
平均気温9.2℃
年降水量 1146.1mm

日本海側の気候
（⑦上越（高田））
気温（℃） 降水量（mm）
平均気温13.9℃
年降水量 2837.1mm

太平洋側の気候
（⑧名古屋）
気温（℃） 降水量（mm）
平均気温16.2℃
年降水量 1578.9mm

中央高地の気候
（⑨松本）
気温（℃） 降水量（mm）
平均気温12.2℃
年降水量 1045.1mm

冷帯（亜寒帯）気候
寒帯
　ツンドラ気候
　氷雪気候

（W.P.ケッペン原図ほか）

南西諸島の気候
（⑪那覇）
気温（℃） 降水量（mm）
平均気温23.3℃
年降水量 2161.0mm

瀬戸内の気候
（⑩高松）
気温（℃） 降水量（mm）
平均気温16.7℃
年降水量 1150.1mm

「理科年表」

直前テーマ学習

よく出る地理の統計

☑ 地方別農業生産額の割合

特に，米と畜産（ちくさん）の割合に着目する。

北海道 計1兆2558億円

米 10.0%／野菜 15.5／畜産 58.5／その他

近畿（きんき） 計5760億円

米 27.3%／野菜 21.3／畜産 23.7／その他

東北 計1兆4320億円

米 34.1%／野菜 16.4／畜産 30.4／その他

中国・四国 計8675億円

米 18.9%／野菜 27.6／畜産 30.9／その他

関東 計1兆5948億円

米 17.0%／野菜 36.5／畜産 32.1／その他

九州 計1兆8497億円

米 8.7%／野菜 23.6／畜産 47.4／その他

中部 計1兆3631億円

米 28.0%／野菜 25.1／畜産 19.8／その他

（2019年）「県勢」

☑ 工業地帯・地域の製造品出荷額の割合

中京（ちゅうきょう）工業地帯で機械，瀬戸内（せとうち）工業地域で化学の割合が高いことを押（お）さえておく。

京浜（けいひん）工業地帯 計25兆2929億円

金属 9.4%／機械 47.0／化学 18.7／食料品 11.6／繊維（せんい） 0.4／その他

阪神（はんしん）工業地帯 計33兆6597億円

金属 20.9%／機械 37.9／化学 15.9／食料品 11.1／繊維 1.3／その他

中京工業地帯 計58兆9550億円

金属 9.5%／機械 68.6／化学 6.6／繊維 0.7／食料品 4.7／その他

瀬戸内工業地域 計31兆1899億円

金属 18.1%／機械 35.1／化学 22.3／食料品 7.8／繊維 2.1／その他

（2019年）「日本国勢図会」

☑ 日本の農作物の収穫量の割合

米の収穫量は、東北地方の県が上位にくる。

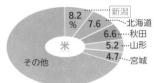

米
新潟 8.2%
北海道 7.6
秋田 6.6
山形 5.2
宮城 4.7
その他

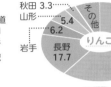

りんご
青森 60.7%
長野 17.7
岩手 6.2
山形 5.4
秋田 3.3
その他

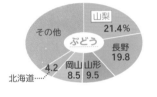

ぶどう
山梨 21.4%
長野 19.8
山形 9.5
岡山 8.5
北海道 4.2
その他

レタス
長野 32.3%
茨城 16.3
群馬 9.7
長崎 6.4
兵庫 5.2
その他

（米は2021年，ほかは2020年）「日本国勢図会」

☑ 県別の工業生産額の割合

印刷・輸送用機械・石油製品・化学に着目する。

東京都

| 電気機械 16.4% | 印刷 10.5 | 食料品 10.0 | その他 |
| 輸送用機械 10.6 | | 情報通信機械 6.5 | |

愛知県

| 輸送用機械 55.4% | | 食料品 3.6 | その他 |
| 電気機械 5.8 | 鉄鋼 5.0 | 生産用機械 4.9 | |

岡山県

| 15.6% | 化学 14.2 | 鉄鋼 12.4 | 輸送用機械 13.0 | その他 |
| 石油・石炭製品 | | 食料品 7.2 | | |

（2019年）「県勢」

日本の鉱産資源の輸入先

原油（石油）は西アジアの国々が上位。

原油

| サウジアラビア 39.7% | アラブ首長国連邦 34.7 | クウェート 8.4 | カタール 7.6 | ロシア 3.6 | その他 |

石炭

| オーストラリア 65.4% | インドネシア 12.4 | ロシア 10.8 | アメリカ合衆国 5.3 | |

鉄鉱石

| オーストラリア 57.9% | ブラジル 26.9 | カナダ 6.0 | 南アフリカ共和国 3.1 | |

※原油は容積，その他は重量による割合。
（原油・石炭は2021年，鉄鉱石は2020年）
「日本国勢図会」

よく出る統計を使った問題

問 下の**ア～エ**のグラフは，地方別の農業生産額の割合である。次の文が述べている地方を，**ア～エ**から1つ選べ。

◎この地方は米の収穫量が全国上位の県が多い。りんご・さくらんぼ・ももなど果物の栽培もさかん。

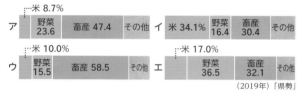

ア	米 8.7%			
	野菜 23.6	畜産 47.4		その他

イ	米 34.1%	野菜 16.4	畜産 30.4	その他

ウ	米 10.0%			
	野菜 15.5	畜産 58.5		その他

エ	米 17.0%		
	野菜 36.5	畜産 32.1	その他

(2019年)「県勢」

解説 文は東北地方。米の割合が高い**イ**が正解。　　答〔 **イ** 〕

問 **資料1**は，ある都道府県の工業生産額の割合で，**資料2**は，工業地帯・地域別の工業生産額の割合である。**資料1**の都道府県が属する工業地帯・地域に当てはまるものを**資料2**の**ア～エ**から1つ選べ。

資料1

16.4%	10.6	印刷 10.5	10.0	その他

電気機械／情報通信機械 6.5
輸送用機械／食料品

資料2

ア	金属 20.9%	機械 37.9	化学 15.9	その他

繊維 1.3
食料品 11.1

イ	機械 68.6		

金属 9.5%／化学 6.6／繊維 0.7／その他
食料品 4.7

ウ	9.4%	機械 47.0	化学 18.7	その他

金属／繊維 0.4
食料品 11.6

エ	金属 18.1%	機械 35.1	化学 22.3	その他

繊維 2.1
食料品 7.8

(2019年)「日本国勢図会」

解説 **資料1**は印刷の割合が高いので，東京都。東京都は**ウ**の京浜工業地帯に属する。　　答〔 **ウ** 〕

統計を使った問題では，突出している数値に着目しよう。
人口・面積が上位の都道府県をしっかり覚えておこう。

問 資料1のA～Dは，地図中の①～④のいずれかの都県である。
BとDに当てはまる都県を，①～④からそれぞれ選び，番号を
答えよ。

資料1

	人　口 （万人）	米の生産額 （億円）	果実の生産額 （億円）	輸送用機械の 生産額（億円）
A	1407	1	35	12142
B	81	61	595	1060
C	220	1501	86	2450
D	755	298	190	266844

（人口は2020年，ほかは2019年）「県勢」

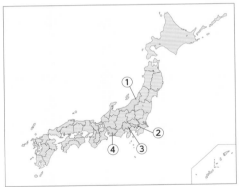

解説 Aは人口が最も多いので東京都。Bは果実の生産額が多い
ので山梨県。山梨県はぶどう・ももの収穫量が全国一。Cは米の
生産額が多いので新潟県。Dは輸送用機械（自動車など）が多い
ので愛知県である。　　　　　　**答** [B ③]　　[D ④]

人類の出現と文明のおこり

☑ 1. 人類の出現と旧石器・新石器時代

(1) **人類の出現** … 約700～600万年前のアフリカに
猿人が出現→約200万年前に**原人**，約20万年前
に**新人（ホモ・サピエンス）** が出現。

(2) **旧石器時代** … 石を打ち欠いたりしてつくった
打製石器がつくられ始める。移動しながらの採
集・狩り・漁の暮らし。

(3) **新石器時代** … 石を磨いて形を整えた**磨製石器**，
食べ物の煮炊き用に，粘土を焼いた**土器**がつく
られ始める。

▲ 打製石器
（明治大学博物館）

▲ 磨製石器
（國學院大學博物館）

☑ 2. 文明のおこり

(1) **古代文明** … 青銅器・鉄器・文字の発明。

◎ **エジプト文明** … **ナイル川**流域。暦
は**太陽暦**。文字は**象形文字**（神聖
文字）。

◎ **メソポタミア文明** … **チグリス川・
ユーフラテス川**流域。文字は**くさ
び形文字**。暦は**太陰暦**。

◎ **インダス文明** … **インダス川**流域。
モヘンジョ＝ダロなどの道路や水
道の整った都市遺跡。

◎ **中国文明** … **黄河**や**長江**流域。黄河
流域に**殷**→青銅器の使用，文字は
甲骨文字。

▲ 古代文明の発生地域

▲ 甲骨文字

(2)ギリシャ・ローマの文明

◎ **ギリシャ**…都市国家（**ポリス**）のアテ
ネで民主政。**パルテノン神殿**。

◎ **ローマ**…地中海周辺を統一，共和政か
ら帝政へ。**コロッセオ（闘技場）**。

▲パルテノン神殿（ピクスタ）

☑ 3. 中国の統一

(1)**秦**…紀元前221年，始皇帝が中国を統一。**万里の長城**を整備。

(2)**漢（前漢）**…紀元前202年，中国を統一。紀元前6世紀ごろ
に孔子が説いた儒学（儒教）を取り入れた政治。

◎ **シルクロード（絹の道）**の整備…**漢とローマ帝国が結ばれる**。

☑ 4. 宗教のおこり

(1)**仏教**…紀元前5世紀ごろ，インドに生まれた**シャカ**が開く。

(2)**キリスト教**…紀元前後ごろ，西アジアのパレスチナに生まれ
た**イエス**が開く。

(3)**イスラム教**…6世紀のアラビア半島に生まれた**ムハンマド**が
開く。

入試に出る **実戦問題** ＞古代文明

☑(1)右の地図のA～Dは古代文明の
発生地である。Aの文明でつくり
出された暦を何というか。

［ **太陽暦** ］

☑(2)Dの文明で使用されていた文字
を何というか。　［ **甲骨文字** ］

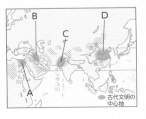

古代文明の
中心地

2 日本の成り立ち

☑ 1. 日本の旧石器時代から縄文時代

(1)旧石器時代（約1万年前まで）

◎ 採集・狩り・漁をしながらの移動生活。**打製**石器の使用。

◎ 遺跡…**岩宿**遺跡（群馬県）など。

(2)縄文時代（1万数千年前〜紀元前4世紀ごろ）

◎ 採集・狩り・漁。**竪穴住居**を建てて定住。

◎ 道具…縄目の文様の**縄文土器**，表面を磨き上げた**磨製石器**。

◎ 遺跡…食べ物の残りかすなどが捨てられた**貝塚**。**大森貝塚**（東京都），**三内丸山遺跡**（青森県）。

◎ 信仰・風習…魔よけや家族の繁栄などを祈る**土偶**。人が死ぬと，屈葬を行う。

▲ 縄文土器
（國學院大學博物館）

☑ 2. 弥生時代（紀元前4世紀ごろ〜紀元3世紀ごろ）

(1)弥生時代の暮らし

◎ 稲作が広まる…稲穂を蓄えた**高床倉庫**。

◎ 道具…稲穂をつみ取る**石包丁**，赤褐色で飾りが少ない**弥生土器**の使用。**銅剣・銅鐸・銅鏡**などの**青銅器**や鉄器の使用。

◎ 遺跡…**登呂遺跡**（静岡県），**吉野ヶ里遺跡**（佐賀県）。

▲ 弥生土器
（東京大学総合研究博物館）

(2)国々の成立

◎ 小国の分立…紀元前1世紀ごろ，倭（日本）に100余りの国。

◎ **奴国**の王…57年，中国の漢（後漢）に使いを送り，皇帝から**金印**を授けられる。

入試 ナビ	縄文時代の貝塚と、弥生時代の高床倉庫の役割を押さえよう。 渡来人が伝えたものをしっかり押さえておこう。	★★★★ ★★★★ ★★★★

◎**邪馬台国**…女王**卑弥呼**が治める。239年，**魏（中国）**に朝貢し，「親魏倭王」の称号などを授けられる。「**魏志」倭人伝**に記述。

☑ 3. 大和政権（ヤマト王権）と古墳時代

(1)**大和政権の成立**… 3世紀後半。大和（奈良県）を中心とする近畿の有力な**豪族**たちの連合政権。王は**大王**と呼ばれる。

(2)**古墳時代の文化**…王や豪族の墓である古墳。**大仙（大山）古墳**に代表される**前方後円墳**。上や周りに**埴輪**が並べられる。

▲**大仙(山)古墳**　（フォト・オリジナル）

(3)**大陸との交流**

◎**渡来人**…主に朝鮮半島から移り住んだ人々。かたい土器（**須恵器**）をつくる技術や，漢字や儒学（儒教）などを伝える。

(4)**仏教の伝来**… 6世紀，**百済**から仏像や経典が贈られ，日本へ公式に伝えられる。

入試に出る 実戦問題 ＞弥生時代の暮らし

☐ (1)右の写真は，弥生時代にみられた高床倉庫である。これは何を蓄えるものか。

　　　　　　　　　　　　［ 稲穂（稲，米） ］

（静岡市立登呂博物館）

☐ (2)弥生時代と関係が深いものを，ア〜ウから 1 つ選べ。

　ア　銅鐸　イ　須恵器

　ウ　土偶　　　　　　　　［ **ア** ］

聖徳太子の政治と大化の改新

☑ 1. 聖徳太子の政治と飛鳥文化

(1) **中国の動き**…589年に**隋**が中国を統一→618年に**唐**が中国を統一。都は長安。**隋**にならって**律令**を整える。

(2) **聖徳太子の政治**…593年に**推古天皇**の摂政となって，天皇中心の政治を目指す。

◎ **冠位十二階**の制度（603年）…家柄に関係なく才能や功績のある人を役人に採用。

◎ **十七条の憲法**（604年）…天皇の命令に従うことなど，**役人の心構え**を示す。

> **十七条の憲法**（一部要約）
> 一に曰く，和をもって貴しとなし，さからふことなきを宗とせよ。
> 二に曰く，あつく三宝を敬へ。

◎ **遣隋使の派遣**…隋の進んだ制度や文化を取り入れようと，**小野妹子**らを派遣。

(3) **飛鳥文化**

◎ 特色…日本最初の**仏教**文化。ギリシャ・インドなどの影響も。

◎ 遺産…世界最古の木造建築の**法隆寺**，法隆寺の釈迦三尊像，法隆寺の玉虫厨子。

▲ 釈迦三尊像 （法隆寺）

☑ 2. 大化の改新と国づくり

(1) **大化の改新**（645年）…**中大兄皇子**と**中臣鎌足**ら蘇我氏をたおして始めた政治改革。**公地・公民**の方針を示す。

(2) **唐・新羅との戦い**…新羅が唐と結び，**百済**を滅ぼす→中大兄皇子は百済を助けるために兵を送るが，**白村江の戦い**で大敗。

入試ナビ 十七条の憲法については，史料を見て内容を押さえておくこと。
飛鳥文化の釈迦三尊像の写真を使った問題がよく出る！

◎その後の朝鮮半島…**新羅**が
高句麗も滅ぼしたあと，朝
鮮半島を統一（676年）。

▲ 7世紀ごろの朝鮮半島

(3)**改新政治の進展**…中大兄皇
子が即位して**天智天皇**となり，
国内初の**全国的な戸籍**をつく
るなど，政治改革を進める。

(4)**壬申の乱**…天皇の位をめぐる戦い→勝って即位した**天武天皇**
が，天皇中心の強い国づくりを進める。

☑ 3. 律令国家の成立

(1)**大宝律令の完成**（701年）…唐の律令にならう。天皇を頂点と
して，全国を統一して支配するしくみ（中央集権）を整備。

(2)**中央のしくみ**…太政官と実務を分担する八つの省（八省）。

(3)**地方のしくみ**…多くの国と郡に分け，それぞれの国には，都か
ら**国司**を派遣。その下に郡司。九州地方の統治，海岸の防備な
どのために，九州北部に**大宰府**を設置。

入試に出る 実戦問題 ▷ 飛鳥文化

☑ (1)右の写真は，飛鳥時代のころにつくら
れた仏像である。これが置かれている寺
はどこか。

[**法隆寺**]

☑ (2)飛鳥文化と関係が深い宗教は何か。

[**仏　教**]

奈良時代と天平文化

☑ 1. 奈良時代の政治と暮らし

(1) **平城京**…710年，唐の都**長安**にならって奈良に建設。

(2) **朝廷の支配**…東北地方の蝦夷を従わせるため秋田城と多賀城（宮城県）を置き，支配の拠点とする。

(3) **班田収授法の実施**…戸籍に基づいて，人々に**口分田**を与え，死ぬと国に返させる。

(4) **農民に課せられた義務**

◎ **租**…口分田の**収穫量の約 3 %の稲**を納める。

◎ **調**…**特産品**を納める。

◎ **庸**…労役のかわりに**布**を納める。

◎ **雑徭**…国司のもとでの**労役**。

◎ **兵役**…九州北部を守る**防人**など。

(5) **進む開墾**…口分田が不足し，朝廷は人々に開墾を奨励した。

◎ **三世一身法**（723年）→**墾田永年私財法**（743年）→貴族や寺社が私有地（のちの**荘園**）を広げる→**公地・公民の原則**が崩れ始めた。

> **！ 知っトク情報**
>
> **三世一身法と墾田永年私財法の違い**
>
> ◇**三世一身の法**…3代に限り，新しく開墾した土地の私有を認める。
>
> ◇**墾田永年私財法**…新しく開墾した土地の永久私有を認める。

☑ 2. 聖武天皇の政治と天平文化

(1) **聖武天皇の政治**

◎ **仏教**の力で国家を守ろうとし，都に**東大寺**と**大仏**をつくる→僧の**行基**が協力。

◎ 国ごとに**国分寺**と**国分尼寺**を建てる。

▲東大寺の大仏　　（東大寺）

入試ナビ

墾田永年私財法についてはよく出る。内容を押さえておこう。
聖武天皇の政治や天平文化の特色も重要。

★★★
★★

(2) **遣唐使**の**派遣**…唐の政治制度や文化を取り入れるため。

◎ **阿倍仲麻呂**…唐で位の高い役人となった。

◎ **鑑真**…唐の僧。遣唐使に伴われて来日し、正式な仏教の教えを伝える。

(3) **天平文化**…遣唐使を通じてもたらされた、唐の文化の影響を受けた**国際色豊かな文化**。

◎ 建築…**校倉造**の**正倉院**（東大寺の宝物庫）。唐招提寺（鑑真が建立）など。

◎ 彫刻…阿修羅像（興福寺）。

◎ 工芸…正倉院宝物（螺鈿紫檀五絃琵琶、瑠璃坏）など。

◎ 和歌集…**『万葉集』**→天皇や貴族、防人や農民らの歌、約4500首。

◎ 歴史書…『**古事記**』、『**日本書紀**』→神話や伝承などをもとにつくられた。

◎ 地理書…『**風土記**』→自然、産物などを国ごとにまとめた。

▲ 螺鈿紫檀五絃琵琶
（宮内庁正倉院宝物）

> **❗知っトク情報**
>
> **シルクロードと日本**
> 唐にはシルクロードを通じて西アジアやインドの品々がもたらされた。遣唐使が持ち帰った品々には、そのようなものも多く含まれている。

入試に出る 実戦問題 ＞ 奈良時代の暮らし

☑ (1) 次の文は、租・調・庸のうち、どれについて述べているか。

◇口分田の収穫量の約3％の稲を納める。 ［ **租** ］

☑ (2) 次の文が述べている法令は何か。

◇新しく開墾した土地の永久私有を認める。

［**墾田永年私財法**］

貴族の政治と武士のおこり

✓ 1. 平安京と遣唐使の停止

(1) **平安京**…794年，**桓武天皇**が都を京都へ移す。東北地方の支配
のため，**坂上田村麻呂**は**征夷大将軍**に任命。

(2) **新しい仏教**
◎ **最澄**…**天台宗**を開いて，比叡山に延暦寺を建てる。
◎ **空海**…**真言宗**を開いて，高野山に金剛峯（峰）寺を建てる。

(3) **遣唐使の停止**（894年）…唐の衰えと
往復の危険を理由に，**菅原道真**が提案。

(4) **中国・朝鮮半島の動き**…中国では唐
が滅亡し，10世紀後半に**宋（北宋）**が
中国を統一。朝鮮半島では**高麗**が新羅
を倒し，936年に朝鮮半島を統一。

> **! 知っトク情報**
>
> **遣唐使停止の背景**
> 9世紀には唐や新羅
> の商人の活躍で，遣唐
> 使を派遣しなくても唐
> の品々を入手できるよ
> うになった。

✓ 2. 貴族の政治と国風文化

(1) **摂関政治**の開始…**藤原氏**が摂政・関白となり，政治を行う
→11世紀前半の**藤原道長・頼通**父子のときに全盛。

(2) **国風文化**…唐風の文化をもとにしながら，日本の風土・生活，
日本人の感情にあった優美で細やかな貴族文化。

◎ 建築…貴族の**寝殿造**の邸宅。
◎ 絵画…**大和絵**が発達し，**絵巻物**が
つくられる。
◎ 文学…**仮名文字**がつくられる。→
紫式部の『**源氏物語**』，**清少納言**の
『**枕草子**』のほか，**紀貫之**らが編集
した『**古今和歌集**』など。

▲源氏物語絵巻　　（五島美術館）

★★★★☆
★★★★

入試ナビ　摂関政治の内容と，全盛期を築いた藤原道長・頼通は要チェック！平等院鳳凰堂の写真は最重要。浄土信仰とからめて覚えておこう。

(3) **浄土信仰**…念仏を唱えて阿弥陀仏にすがり，死後に極楽浄土に生まれ変わることを願う→**平等院鳳凰堂**や**中尊寺金色堂**などの阿弥陀堂。

▲平等院鳳凰堂　　（平等院）

☑ 3. 武士のおこり

(1) **武士の成長**…**武士団**が形成され，**源氏と平氏**が有力に→10世紀半ば，関東地方で**平将門の乱**，瀬戸内海一帯で**藤原純友の乱**

(2) **院政の開始**…1086年，**白河天皇**が上皇となり，政治を行う→貴族や武士が院に**荘園**を寄進。

(3) **平清盛の政治**…**保元の乱**と**平治の乱**に勝利し，武士として初めて**太政大臣**となる→兵庫の港（大輪田泊）を修築して，**日宋貿易**を行う。

> **注** 日宋貿易での日本の輸出品は硫黄・刀剣・漆器など，輸入品は宋銭・絹織物・陶磁器など。

(4) **平氏の滅亡**…源頼朝を中心とする源氏が挙兵→1185年，源氏が壇ノ浦（山口県）で平氏を滅ぼす。

入試に出る　実戦問題　＞国風文化

☑ (1) 右の写真の阿弥陀堂を建てた人物はだれか。　　[藤原頼通]

☑ (2) この建物が建てられたころに栄えた文化と関係が深いものを，ア〜ウから１つ選べ。

ア 万葉集　**イ** 古事記　**ウ** 古今和歌集　　[ウ]

6 鎌倉時代の政治と文化

☑ 1. 鎌倉幕府の成立

(1) 1185年，**源頼朝**が国ごとに**守護**，荘園・公領に**地頭**を設置。

(2) 1192年，源頼朝が**征夷大将軍**となる。

(3) 将軍と家来の**御家人**は，土地を仲立ちとした**御恩**と**奉公**の主従関係。

(4) **執権政治**…頼朝の死後，**北条氏**が**執権**として政治を行う→1221年，**後鳥羽上皇**が**承久の乱**を起こす→乱後，朝廷監視のために京都に**六波羅探題**を設置。

(5) **御成敗式目**（**貞永式目**）の制定（1232年）…**北条泰時**が御家人に対して，裁判の基準を示す。

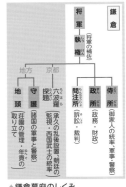

		鎌倉
	将軍	
	執権（将軍の補佐）	

地方 ・ 京都

地頭	守護	探題 六波羅	問注所	政所	侍所
荘園の管理・年貢の取り立て	諸国の軍事と警察	承久の乱後設置・朝廷の監視・西国武士の統率	訴訟・裁判	政務・財政	御家人の統率・軍事・警察

▲鎌倉幕府のしくみ

☑ 2. 鎌倉時代の暮らしと文化

(1) **暮らし**…武士一族は惣領を中心に団結。農業では**二毛作**が始まる。

(2) **文化**…武士の気風を反映した写実的で力強い文化。

◎ 建築…**東大寺南大門**。

◎ 彫刻…**運慶**らの**金剛力士像**。東大寺南大門の左右に配置。

◎ 文学…軍記物の『**平家物語**』，和歌集の『**新古今和歌集**』（藤原定家ら），随筆の『**徒然草**』（兼好法師）など。

(3) **新しい仏教**…武士や民衆にわかりやすく，信仰しやすい教え。

宗派		開祖	宗派	開祖
念仏宗	浄土宗	法然	日蓮宗（法華宗）	日蓮
	浄土真宗	親鸞	禅宗 臨済宗	栄西
	時宗	一遍	曹洞宗	道元

☑ **3. モンゴルの襲来と鎌倉幕府の滅亡**

(1) **モンゴル帝国**…13世紀初め，**チンギス＝ハン**が建国→ユーラシア大陸の東西にまたがる大帝国になる。

◎第5代皇帝**フビライ＝ハン**…中国北部を支配。都を大都（現在の北京）に移し，国号を**元**に。

▲元軍と戦う日本の武士　（菊池神社）

(2) **2度の襲来**…フビライ＝ハンの服属要求を執権**北条時宗**が拒否→元軍が2度九州北部に襲来（**文永の役**［1274年］・**弘安の役**［1281年］＝**元寇**）→幕府軍は，**集団戦法や火薬兵器**に苦戦→御家人の活躍などで元軍は引きあげる。

(3) **幕府の衰え**…元寇の負担と分割相続で御家人が生活苦に→幕府は**徳政令**を出すも効果は一時的→幕府への反感が強まる。

(4) **幕府の滅亡**…有力御家人の**足利尊氏**や新田義貞などを味方につけた**後醍醐天皇**が，1333年，幕府を滅ぼす。

入試に出る 実戦問題 ＞鎌倉時代の政治と文化

☑ (1) わが国最初の武家法を制定し，裁判の基準を示した人物を，ア〜ウから選べ。

　ア　北条時宗　イ　後鳥羽上皇
　ウ　北条泰時　　　　　　　　　　　　［　ウ　］

☑ (2) 右の写真の像をつくった人物を，ア〜ウから選べ。

　ア　道元　イ　運慶　ウ　行基　　　　　　　　　　　［　イ　］

室町時代の政治と文化

☑ 1. 室町幕府の成立

(1)後醍醐天皇の**建武の新政**…**貴族重視の政策**に武士の不満→足利尊氏の挙兵で，2年ほどで失敗。

(2)**南北朝の動乱**…足利尊氏が新たに立てた天皇による京都の**北朝**と，後醍醐天皇の吉野（奈良県）の**南朝**が約60年にわたり対立。**南北朝時代**(1336年～1392年)。
　　◎守護の成長…権限が強められた守護は，国内の武士をまとめて**守護大名**に。

▲室町幕府のしくみ

（図中）
将軍｜京都
地方｜鎌倉
守護｜鎌倉府　管領｜将軍の補佐
地頭｜（関東8か国ほか2か国を治めるか）
問注所（記録・裁判）
政所（幕府の財政）
侍所（軍事・警察）

(3)**室町幕府の成立**（1338年）…**足利尊氏**が京都に幕府を開く→第3代将軍**足利義満**のときに**南北朝が統一**し，幕府は全盛に。

☑ 2. 東アジアとの交流

(1)**東アジアの情勢**…中国で漢民族が**明**，朝鮮半島で李成桂が**朝鮮国**を建国。沖縄本島の**琉球王国**は**中継貿易**で栄える。

(2)**倭寇の出現**…中国・朝鮮半島沿岸で密貿易や海賊行為。

(3)**日明貿易（勘合貿易）**…1404年，足利義満が明と始める。**倭寇と区別するため**，正式な貿易船に**勘合**という証明書をもたせる。

☑ 3. 産業と都市の発達

(1)**産業の発達**…**定期市**の発達。高利貸しの**土倉・酒屋**。商工業者による同業者組合の**座**。運送業の**問**（**問丸**）や**馬借**。

(2)**村の自治**…有力農民を中心に**惣**（**惣村**）と呼ばれる自治組織をつくり，**寄合**で村のおきてを定める→15世紀になると，団結して年貢の軽減などを要求する**土一揆**（正長の土一揆など）。

**入試
ナビ** 日明貿易を始めた人物と勘合を用いた目的を押さえておこう。
和風建築のもとになった書院造の写真は最重要。

(3) **都市の発達** … 産業や流通の発達とともに，各地の港町，寺社
の周辺にできた**門前町**が栄える。

◎ 自治都市の誕生 … **京都**で，**町衆**と呼ばれる裕福な商工業者に
よる自治。明や朝鮮との貿易で栄えた**博多**（福岡県）や**堺**
（大阪府）でも自治。

☑ 4. 室町時代の文化

(1) **特色** … 貴族の文化と，禅宗の影響を受けた武士の文化が交じ
り合った文化→**足利義満**のころの**金閣**に代表される**北山文化**と，
足利義政のころの**銀閣**に代表される**東山文化**。

(2) **建築** … 禅宗寺院の建築様式を取り入れた**書院造**。

(3) **絵画** … **雪舟**による**水墨画**。

(4) **芸能** … 足利義満の保護を受けた**観阿弥・
世阿弥**父子が**能（能楽）**を大成。

(5) **文学** … 上の句と下の句を交互によむ**連
歌**。「**浦島太郎**」，「**一寸法師**」などの**御
伽草子**が流行。

▲ 書院造　　　（ゼンジ）

入試に
出る **実戦問題** ＞ 室町時代の貿易

☑ (1) 右は明との貿易の際に使われた証明書であ
る。これを何というか。　　　　　　[勘 合]

☑ (2) (1)を使った貿易を始めた人物を，次のア～
ウから選べ。

　ア 足利義政　**イ** 足利義満　**ウ** 足利尊氏

本字壹號　　大字壹號

[イ]

ヨーロッパの世界進出

☑ 1. イスラム世界と中世ヨーロッパ

(1)**イスラム世界の拡大**… 8世紀中ごろには，唐や西ヨーロッパと接する大帝国に→数学や科学など高度な学問・文化が発達。

(2)**中世ヨーロッパ**…キリスト教が発展。**正教会とカトリック教会**。

(3)**十字軍の遠征**…**ローマ教皇**の呼びかけで，イスラム勢力に占領された聖地**エルサレム**の奪回を目指す→東西交流が進む。

☑ 2. ルネサンスと宗教改革，大航海時代

(1)**ルネサンス**（文芸復興）…**古代ギリシャやローマの文化を理想**とする。14～16世紀，イタリアから西ヨーロッパへ。

▲ダビデ
（フォト・オリジナル）

◎ 芸術…**レオナルド゠ダ゠ビンチ**の「モナ゠リザ」，**ミケランジェロ**の「ダビデ」など。

(2)**宗教改革**…16世紀，ローマ教皇による免罪符販売に抗議してドイツで**ルター**が始める。スイスでは**カルバン**。

◎ **プロテスタント**…改革を支持する人々。カトリックと対立。

◎ カトリック教会の改革…**イエズス会**を設立し，海外布教へ→ザビエルなど宣教師を派遣。

(3)**大航海時代**…**コロンブス**や**バスコ゠ダ゠ガマ**らが新航路を開拓。**マゼラン**の船隊が世界一周を達成→ポルトガル・スペイン・イギリス・オランダが世界各地に進出→**三角貿易**で大きな利益を得る。

▲大西洋の三角貿易

**入試
ナビ**　鉄砲やキリスト教の日本への伝来には、宗教改革や新航路の開拓（かいたく）など、ヨーロッパのできごとが影響（えいきょう）していることをチェック。

☑ **3. ヨーロッパ人の来航**

(1) **鉄砲（てっぽう）の伝来**…1543年、**ポルトガル人**を乗せた中国船が**種子島（たねがしま）**（鹿児島）に流れ着き、鉄砲を伝える。

(2) **キリスト教の伝来**…1549年、**フランシスコ＝ザビエル**が鹿児島に上陸し、伝える。

▲鉄砲とキリスト教の伝来地

補説 ザビエルの来日は、イエズス会の世界各地への布教活動の一環（いっかん）として行われた。

(3) **キリシタン大名（だいみょう）の出現**…貿易の利益のためにキリスト教を保護し、自らキリスト教徒になる→**天正遣欧使節（てんしょうけんおう）**をローマ教皇（きょうこう）のもとへ派遣。

(4) **貿易の発展**…**ポルトガル人**や**スペイン人**との**南蛮貿易（なんばん）**が活発化→主に長崎・平戸（ひらど）（長崎県）で行われる。

**入試に
出る　実戦問題** ＞ ヨーロッパの動き

☑ 1549年、フランシスコ＝ザビエルが日本へキリスト教を伝えた。このことと最も関係が深い世界のできごとを、ア～ウから1つ選べ。

　　ア　コロンブスが西インド諸島に到達（とうたつ）した。

　　イ　カトリック教会がイエズス会を設立した。

　　ウ　イタリアでルネサンスが始まった。　　〔　**イ**　〕

9

戦国時代と全国統一

☑ 1. 応仁の乱と戦国大名

(1) **応仁の乱**（1467〜77年）

◎ 第8代将軍**足利義政**のあと継ぎ争いと，守護大名の細川氏と山名氏の対立から起こる→京都を中心に約11年間続く。

◎ 影響…幕府が無力化→**下剋上**の世となり，戦国時代へ。

◎ 山城国一揆（1485年），加賀の一向一揆（1488年）。

(2) **戦国大名の台頭**…**分国法**を制定し，領国を支配。

☑ 2. 織田信長の統一事業

(1) **織田信長**の動き…**桶狭間の戦い**で今川義元を破る（1560年）→足利義昭を追放し，**室町幕府を滅ぼす**（1573年）→**長篠の戦い**で大量の**鉄砲**を活用し，武田氏を破り（1575年），翌年から**安土城**（滋賀県）を築く→本能寺の変で自害（1582年）。

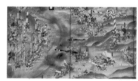

▲長篠の戦い　徳川美術館所蔵
©徳川美術館イメージアーカイブ/DNPPartcom

(2) **政策**…**楽市・楽座**の実施→安土城下で**市場の税を免除**し，座の特権を廃止して，商工業の発展をはかる。

☑ 3. 豊臣秀吉の全国統一

(1) **豊臣秀吉**の動き…**大阪城**を築き，拠点とする。関東の北条氏を滅ぼして全国を統一（1590年）。

(2) **政策**

◎ **検地（太閤検地）**…田畑の面積を調べて収穫高を石高で表す→**年貢を確実に徴収**するため。

▲検地のようす
※資料は江戸時代のもの。

入試ナビ	刀狩を行った人物と目的をしっかり押さえておこう。 狩野永徳の「唐獅子図屛風」は試験によく出るので，要チェック！

◎**刀狩**…**一揆を防ぐため**，百姓や寺社から武器を取り上げる。

(3)**朝鮮侵略（文禄の役・慶長の役）**…明の征服を目指して，2度にわたり朝鮮に大軍を送る。

> **！ 知っトク情報**
> **検地と刀狩の影響**
> 検地と刀狩によって，武士と百姓の身分の区別が明確になった。これを**兵農分離**という。

☑ **4. 桃山文化**

(1)**特色**…新興の大名や大商人の気風を反映した，豪華で壮大な文化。

(2)**建築**…安土城や大阪城など，高くそびえる**天守**をもつ壮大な城。

(3)**絵画**…**狩野永徳**らのきらびやかな絵（**濃絵**）。

(4)**芸能**…**出雲の阿国**が**かぶき踊り**を始める。

(5)その他…**千利休**が**わび茶**を大成。

▲**唐獅子図屛風右隻**（狩野永徳画）
（宮内庁三の丸尚蔵館）

入試に出る	**実戦問題** ＞ **全国統一と桃山文化**

☑ (1)次の文が述べている人物名を答えよ。

◇安土城を築き，城下で市場の税を免除して自由に商品を売買することを許した。 ［ **織田信長** ］

☑ (2)桃山文化で活躍した人物として当てはまらない人物を，ア〜エから1人選べ。

ア 千利休　　イ 雪舟

ウ 狩野永徳　　エ 出雲の阿国 ［ **イ** ］

10 江戸幕府の成立と鎖国

☑ **1. 江戸幕府の成立**

(1)**成立**…1600年，**徳川家康**が関ヶ原の戦いで勝利→1603年に朝廷から**征夷大将軍**に任命され，**江戸**に幕府を開く。

(2)**支配のしくみ**…将軍を中心として，幕府と藩が全国の土地と民衆を支配する**幕藩体制**。

◎江戸…臨時の幕府最高職として**大老**，常設の最高職として**老中**を置き，若年寄が補佐。

◎地方…**京都所司代**を置いて朝廷を監視。

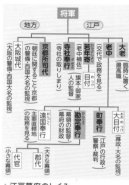

▲江戸幕府のしくみ

☑ **2. 大名の統制と身分制度**

(1)**大名の種類**…**親藩**，**譜代大名**，**外様大名**。

(2)**武家諸法度**で大名を統制…第3代将軍徳川家光が**参勤交代**を制度化。

(3)**禁中並公家中諸法度**で天皇・朝廷を統制。

(4)**身分の区別**…**武士**と**百姓**，**町人**。差別された人々（えた身分やひにん身分）。

◎村と百姓…**本百姓**と水のみ百姓。**五人組**で連帯責任。**庄屋（名主）**や**組頭**，**百姓代**などの村役人による自治→**年貢**を納め，武士の生活を支える。

> **武家諸法度**（一部要約）
> 一．大名は領地と江戸に交代で住み，毎年4月中に参勤せよ。
> 一．新しく城を築いてはならない。
> 一．大名は，幕府の許可なく勝手に婚姻してはならない。
> （1635年に家光が出したもの）

入試ナビ　武家諸法度を使った史料問題はよく出るので，要チェック！
鎖国が完成するまでの経緯と，鎖国を進めた理由を押さえておこう。

★★★★★

3. 貿易の振興から鎖国へ

(1) **朱印船貿易**…徳川家康がすすめる。東南アジア各地で貿易→**日本町**の形成。

▲出島　（長崎歴史文化博物館）

(2) **鎖国への歩み**…**島原・天草一揆**(1637年）→**絵踏**・宗門改などキリスト教の取りしまりを強化→**ポルトガル**船の来航を禁止（1639年）→平戸（長崎県）のオランダ商館を長崎の**出島**に移す（1641年）→**鎖国**の体制が固まる。

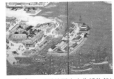

(3) **鎖国下での対外関係**

◎オランダ…長崎の人工島出島で貿易。「**オランダ風説書**」。

◎中国…長崎で貿易。中国人は唐人屋敷に住まわせる。

◎朝鮮…**対馬藩**が外交・貿易を行う→将軍の代がわりごとに**朝鮮通信使**が来日。

◎**琉球王国**…**薩摩藩**が支配。琉球使節の派遣。

◎蝦夷地（北海道）…**松前藩**が**アイヌの人々**と交易。

入試に出る 実戦問題 ＞ 江戸幕府の支配

一．文武弓馬の道にはげむこと。
一．大名は領地と江戸に交代で住み，毎年４月中に参勤せよ。
一．新しく城を築いてはならない。
(1635年に家光が出したもの)

☑ (1)右の史料は，大名を統制するための決まりである。これを何というか。

［ **武家諸法度** ］

☑ (2)下線部は何という制度について述べたものか。

［ **参勤交代（の制度）** ］

幕府政治の動き

☑ 1. 江戸時代の政治改革

(1)**徳川綱吉**（第5代将軍）の**政治**…**生類憐みの令**を出す。貨幣の質を落とし，発行量を増やす→物価が上昇。

(2)**正徳の治**…**新井白石**の意見が政治に取り入れられる。貨幣の質を改善。**長崎貿易を制限**。

(3)**享保の改革**（1716〜45年）…第8代将軍**徳川吉宗**の政治。**公事方御定書**の制定。**目安箱**の設置。

(4)老中**田沼意次**の政治（1772〜86年）…商人の豊かな経済力を利用した政策→**株仲間の結成**を奨励。

> 【寛政の改革を風刺する歌】
> 白河の清きに魚のすみかねてもとのにごりの田沼恋しき
> 「白河」は白河藩出身の松平定信を示す。「松平定信の政治は厳し過ぎて暮らしにくい。田沼の政治がなつかしい」と歌っている。

(5)**寛政の改革**（1787〜93年）…老中**松平定信**の政治。幕府の学校での**朱子学**以外の講義を禁止。旗本・御家人の借金の帳消し。

(6)**天保の改革**（1841〜43年）…老中**水野忠邦**の政治。物価を下げるために，**株仲間を解散**。

☑ 2. 外国船の接近

(1)**ロシア船の来航**…18世紀後半にロシアの使節**ラクスマン**が根室（北海道）に来航し交渉を求める→幕府は拒否し，**間宮林蔵**らに，蝦夷地や樺太の調査を命じる。

(2)**幕府の対応**…19世紀に入り，ロシア・イギリス・アメリカの船が日本に接近すると，幕府は**異国船打払令**（1825年）を出し，外国船の撃退を命令。

◎**蛮社の獄**…外国船の撃退（モリソン号事件）を批判した蘭学者（→p.78）の**渡辺崋山**や**高野長英**らを処罰。

入試
ナビ
政治改革を行った人物と政策を混同しないように注意！
天保(てんぽう)のききん前後のできごとをしっかり押(お)さえておこう。

★★★
★★★
★★

☑ 3. 農村の変化と社会

(1) **貨幣(かへい)経済(けいざい)** の広がり…
農具や肥料を購入(こうにゅう)する
など，自給自足に近い
生活が変化。

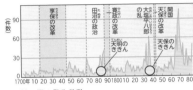

▲百姓一揆の発生件数

(2) 農民の間での**貧富(ひんぷ)の
差が拡大**…土地を手放
し**小作人**になる者や都市に出かせぎに出る者，
土地を買い集めて**地主**になる者が現れる。

(3) 民衆の動き…財政悪化に苦しむ幕府や藩(はん)が**年貢(ねんぐ)**を増やすよう
になる→農民は**百姓一揆(ひゃくしょういっき)**で抵抗(ていこう)，都市では商人に対する**打ちこ
わし**。

(4) **大塩(おおしお)の乱（大塩平八郎(へいはちろう)の乱）**…1837年，**元役人**の大塩平八郎
が，天保のききんで苦しむ人々の救済を求め，大阪で起こす。

(5) **諸藩(しょはん)の改革**…**薩摩藩(さつま)**（鹿児島県）・**長州藩(ちょうしゅう)**（山口県）が財政の
立て直しに成功→雄藩(ゆうはん)と呼ばれ，幕末には幕府の政治を動かす。

入試に出る 実戦問題 > 江戸時代の政治改革と社会

☑ (1) 次の文の□□□に入る人物を答えよ。

◇老中の□□□は物価を下げるために，株仲間を解散させた。

[水野忠邦]

☑ (2) (1)の文が述べているころのできごとを，ア～ウから1つ選べ。

　ア　天保のききんがおこる　　イ　鎖国(さこく)が完成する
　ウ　生類憐みの令が出される　　　　　　　　　[ア]

産業の発達と江戸時代の文化

☑ **1. 産業の発達と都市の繁栄, 産業の変化**

(1)**農業の発達**…大規模な**新田開発**, 農具の改良（備中ぐわ・千歯こきなど）, **肥料の使用**（干鰯）, **商品作物の栽培**

(2)**交通の発達**

◎ **五街道**…江戸を起点に, **東海道・甲州道中**（街道）・**中山道・奥州道中**（街道）・日光道中（街道）を整備。

▲都市と交通の発達

◎ 海上交通…**東廻り航路**と**西廻り航路**。大阪から**南海路**で江戸へ（**菱垣廻船・樽廻船**）。

(3)**三都の繁栄**…**江戸・大阪・京都**。大阪に諸藩の**蔵屋敷**。

(4)**商人の台頭**…同業者ごとの組合の**株仲間**。**両替商**に経済力。

(5)**産業の変化**…**問屋制家内工業**から**工場制手工業**（マニュファクチュア）へ→近代工業発展の基礎。

☑ **2. 江戸時代の教育と学問**

(1)**教育の普及**…諸藩は**藩校**で人材育成。庶民は**寺子屋**で読み・書き・そろばん。

(2)**学問の発達**…**国学**の大成→**本居宣長**が『**古事記伝**』を著す。**蘭学**の発達→前野良沢・杉田玄白らが『**解体新書**』を出版。**伊能忠敬**が正確な日本地図を作成。

! 知っトク情報

問屋制家内工業と工場制手工業

問屋制家内工業…商人や地主が百姓に原料や道具などを貸して生産させ, 製品を買い取る。

工場制手工業…大商人や地主が作業所（工場）を建設し, 人を雇って分業で製品をつくらせる。

3. 江戸時代の文化

(1) **元禄文化**（**17世紀末～18世紀初め**）…上方（京都・大阪）の経済力をつけた町人が担い手。

- ◎ **浮世草子**（小説）…**井原西鶴**。
- ◎ 俳諧（俳句）…**松尾芭蕉**の『**奥の細道**』。
- ◎ 芸能…**近松門左衛門**の**人形浄瑠璃**の脚本。
- ◎ 絵画…**尾形光琳**の装飾画，**菱川師宣**の**浮世絵**。

▲「見返り美人図」
（菱川師宣画）
（ColBase）

(2) **化政文化**（**19世紀前半**）…江戸の町人（庶民）が担い手。

- ◎ 文学…**十返舎一九**や曲亭（滝沢）**馬琴**が小説。**小林一茶・与謝蕪村**が俳諧。
- ◎ 浮世絵…**錦絵**（多色刷りの版画）が登場。**喜多川歌麿**が美人画，**葛飾北斎**・**歌川**（安藤）**広重**が風景画。

▲「富嶽三十六景」神奈川沖浪裏　（葛飾北斎画）
（ColBase）

入試に
出る **実戦問題** ＞ 江戸時代の文化

☑ (1)と(2)の文が述べている人物を，ア～ウから選べ。

(1) 浮世草子で，町人の生活や考え方をありのままに著した。

(2)『古事記伝』を著し，国学を大成した。

ア 本居宣長　**イ** 十返舎一九　**ウ** 井原西鶴

(1) [　**ウ**　]　(2) [　**ア**　]

欧米の近代化

☑ 1. 市民革命の勃発

(1) **背景** … イギリスやフランスで**絶対王政**→**啓蒙思想**の広まり。**ロック**が抵抗権，**モンテスキュー**が三権分立，**ルソー**が人民主権を主張→市民革命の原動力に。

◎ **市民革命** … 市民階級が支配する側の人々をたおした革命。

(2) **イギリスの革命**

◎ **ピューリタン革命**（17世紀中ごろ）… **クロムウェル**の指導で議会側が国王に勝利→国王を処刑して**共和政**を開始。

◎ **名誉革命**（1688年）… 王政が復活し再び専制を行う→議会が国王を追放→議会が**権利（の）章典**を制定し，国王が認める→世界初の**立憲君主制**と議会政治が確立。

(3) **アメリカの独立革命** … 1775年，**ワシントン**を最高司令官として**イギリス**に対する独立戦争を起こす→1776年，「**独立宣言**」を発表→アメリカ合衆国が誕生。1861年，**南北戦争**で**リンカン**大統領が北部を勝利に導く。

> **アメリカ独立宣言**
>
> われわれは，自明の真理として，すべての人々は平等につくられ，創造主によって一定の権利が与えられ，その中には生命・自由および幸福の追求が含まれていることを信ずる。
>
> （一部要約）

(4) **フランス革命**（1789年）… パリの民衆がバスチーユ牢獄を襲う。同年「**人権宣言**」を発表→国王を処刑し，共和政を開始→内乱後，**ナポレオン**の時代。

☑ 2. 産業革命と欧米諸国の世界進出

(1) **産業革命** … 18世紀にワットが**蒸気機関**を改良→**イギリス**で綿工業から始まる→イギリスが「**世界の工場**」となる→**欧米諸国**でも産業革命→原料供給地と市場を求めて，世界各地に進出。

入試ナビ　市民革命の「イギリス→アメリカ→フランス」の流れを押さえよう。
アメリカの「独立宣言」とフランスの「人権宣言」の史料の混同に注意！

★★★★
★★★

(2)**産業革命の影響**…**資本主義**が成立→貧富の差が生じる→**マルクス**らが**社会主義**を説く。

☑ 3. ヨーロッパのアジア侵略

(1)**中国での動き**

　◎**アヘン戦争**（1840～42年）…イギリスが中国（清）を破る→**南京条約**が結ばれ，イギリスは香港と多額の賠償金を得る。清の半植民地化が進む。

▲アヘン戦争　　　　（東洋文庫）

　◎**太平天国の乱**…清への反乱→混乱の中，欧米諸国が清を侵略。

(2)**インドでの動き**…イギリスの安い綿製品がインドへ流入→インドの伝統的な綿織物業が衰退→**インド大反乱**（1857～59年）を鎮圧し，インドを直接支配。インド帝国が成立。

！知っトク情報

南京条約の内容

　アヘン戦争後，清に不利な南京条約が結ばれた。主な内容は以下のとおり。
①清は香港を譲り，5港を開く。
②清は領事裁判権を認め，関税自主権がない。

入試に出る　実戦問題 ＞ **市民革命の勃発**

☑(1)右の宣言は，のちのアメリカ合衆国が何という国に対して発表したものか。
　　　　　　　　[　**イギリス**　]

☑(2)右の宣言が出されたころの日本のようすを，ア～ウから1つ選べ。

　ア　ペリーの来航
　イ　鎖国の完成　**ウ**　寛政の改革

　　　　　　　　[　**ウ**　]

> われわれは，自明の真理として，すべての人々は平等につくられ
> ～中略～
> 生命・自由および幸福の追求が含まれていることを信じる。
> （一部要約）

14 開国と明治維新

☑ 1. 開国と不平等条約

(1) **ペリーの来航**…1853年, ア
メリカ合衆国のペリーが浦賀
に来航→翌年, **日米和親条約**
を結び, **下田**と**函館**を開港。

日米修好通商条約
で開港の5港

函館（両方の条約）
で開港

新潟

神奈川

長崎　　兵庫　下田

日米和親条約
で開港の2港

（下田は, 日米修好通商条約の締結で閉鎖）

▲ 2つの条約による開港地

(2) **日米修好通商条約の締結**
（1858年）…大老**井伊直弼**が
結ぶ→**函館・新潟・神奈川（横浜）・兵庫（神戸）・長崎**の5港
を開港。アメリカの**領事裁判権（治外法権）**を認め, 日本に関
税自主権がない不平等な条約。

☑ 2. 江戸幕府の滅亡

(1) **尊王攘夷運動**…天皇を尊ぶ**尊王論**と外国を追い払えという**攘
夷論**が結びつき, 開国と前後してさかんになる。

(2) **安政の大獄**…井伊直弼が反対派を処
罰→井伊直弼が暗殺される（**桜田門外
の変**）。

(3) **倒幕運動の高まり**…**長州藩**（山口県）
と**薩摩藩**（鹿児島県）が攘夷の不可能
を知る→1866年, **坂本龍馬**らの仲立
ちで**薩長同盟**を結ぶ。

(4) **江戸幕府の滅亡**…1867年, 第15代将
軍**徳川慶喜**が朝廷に政権を返上（**大政奉
還**）→朝廷が**王政復古の大号令**を出す。

◎ **戊辰戦争**…新政府軍が旧幕府軍に勝利。

> **❗ 知っトク情報**
>
> **長州藩と薩摩藩の動き**
> **長州藩**…1863年に下
> 関の外国船を砲撃（攘
> 夷の実行）→翌年, 四
> か国連合艦隊の報復を
> 受け, 敗れる。
> **薩摩藩**…1862年にイ
> ギリス人を殺傷（生麦
> 事件）。翌年, イギリ
> ス艦隊の砲撃を受け,
> 敗れる（薩英戦争）。

入試ナビ　幕末に結ばれた2つの条約と，開港地を押さえておこう。
地租改正の3％という税率を，しっかり押さえておこう。

★★★★
★★★★

☑ 3. 明治維新

(1) **五箇条の御誓文**（1868年）…新政府が示した新しい政治の方針。会議を開いて世論に従う政治を行うことなどを示す。

(2) **中央集権国家の確立**…版籍奉還と廃藩置県の実施。

(3) **身分制度の廃止**…皇族・華族・士族・平民とし，皇族以外を平等とする。「**解放令**」。

(4) **富国強兵**…欧米諸国に対抗するため，経済を発展させて国力をつけ，軍隊を強くすることを目指す。

(5) **維新の三大改革**

◎ **学制**（1872年）…近代的な学校制度を定める。

◎ **徴兵令**（1873年）…満20歳となった男子に兵役の義務。

◎ **地租改正**（1873年から実施）…土地の所有者に，地租として地価の3％を現金で納めさせる。

▲地券…土地の所有者（地主）に発行した証書。

入試に出る 実戦問題 > 開国と不平等条約

☑ (1) 1853年に浦賀に来航したアメリカ使節はだれか。

[**ペリー**]

☑ (2) 1854年に日米間で結ばれた条約で開港された場所を，右の地図のA〜Dから2つ選べ。

[**A** と **C**]

15 文明開化と立憲政治

☑ 1. 文明開化と殖産興業

(1) **文明開化**…生活の洋風化。**太陽暦**。**福沢諭吉**の『**学問のすゝめ**』。

(2) **殖産興業**…**富岡製糸場**などの**官営模範工場**を建設。新橋と横浜の間に最初の鉄道が開通（1872年）。

(3) **北海道**…**開拓使**を設置。開拓の中心は**屯田兵**。

(4) **沖縄**…1879年，琉球藩を廃止し，沖縄県を設置（**琉球処分**）。

☑ 2. 明治初期の外交

(1) **岩倉使節団**の**派遣**…不平等条約改正交渉は失敗。欧米を視察。

(2) **清との関係**…1871年，対等な**日清修好条規**を結ぶ。

(3) **朝鮮との関係**…**西郷隆盛・板垣退助**らが**征韓論**を唱える→**江華島事件**をへて**日朝修好条規**（1876年）を結ぶ。

(4) **ロシアとの関係**…**樺太・千島交換条約**（1875年）を結び，**樺太（サハリン）**をロシア領，**千島列島**を日本領とすることで国境画定。

(5) **尖閣諸島**…1895年に沖縄県へ編入。

(6) **竹島**…1905年に島根県へ編入。

▲日本の領土の画定（明治初期）

☑ 3. 自由民権運動と士族の反乱

(1) **経過**…1874年，**板垣退助**らが**民撰議院設立の建白書**を提出し，**自由民権運動**が始まる。→**国会期成同盟**の結成→政府が国会開設を約束。

(2) **政党の結成**…1881年に**板垣退助**らが**自由党**，1882年に**大隈重信**らが**立憲改進党**を結成。

★★★★
★★★★
★★

入試ナビ　大日本帝国憲法の草案をつくった人物を押さえておこう。
帝国議会開設時の衆議院議員選挙権は要チェック！

(3) 西南戦争（1877年）…西郷隆盛を中心とする最大規模の士族の反乱→政府軍による鎮圧。以後、政府批判は言論中心に。

☑ **4. 憲法の発布と国会の開設**

(1) 内閣制度の創設（1885年）…伊藤博文が初代の内閣総理大臣（首相）に就任。

(2) 大日本帝国憲法の発布（1889年）…伊藤博文らがドイツ（プロイセン）の憲法をもとに、草案を作成。天皇が国の元首で、絶対的な権限。

(3) 帝国議会の開設（1890年）

　◎しくみ…貴族院と衆議院の二院制。
　　→日本は、アジア初の近代的な立憲制国家になる。

　◎衆議院議員の選挙権…直接国税を15円以上納める満25歳以上の男子。

! 知っトク情報

ドイツの憲法を手本にした理由

　ドイツの憲法は君主権が強く、天皇主権を目指す日本の憲法に都合がよかった。

▲大日本帝国憲法の発布式典
（聖徳記念絵画館）

入試に出る　実戦問題　＞自由民権運動の進展

☑ (1)と(2)の文が述べている人物を、ア〜ウから選べ。

(1) 1874年に民撰議院設立の建白書を提出した。その後、自由党を結成した。

(2) ドイツの憲法をもとに大日本帝国憲法の草案を作成し、初代の内閣総理大臣に就任した。

ア　伊藤博文　イ　板垣退助　ウ　大隈重信

(1) [　イ　]　(2) [　ア　]

16 日清・日露戦争と近代産業

☑ 1. 不平等条約の改正

- **(1)領事裁判権（治外法権）の撤廃**…1894年，日清戦争の直前，外務大臣**陸奥宗光**がイギリスとの間で成功。
- **(2)関税自主権の完全回復**…1911年，外務大臣**小村寿太郎**がアメリカ合衆国との間で成功。

☑ 2. 日清・日露戦争

▲ 下関条約後の東アジア

- **(1)日清戦争**（1894～95年）
  - ◎ 始まり…朝鮮南部で**甲午農民戦争**→日本と清が出兵し，日本と清の軍隊が衝突して開戦。
  - ◎ 結果…日本が勝利→**下関条約**が結ばれる。

  > ⓐ清は，朝鮮の独立を認める。
  > ⓑ清は，**遼東半島・台湾・澎湖諸島**を日本へ譲る。
  > ⓒ清は，賠償金として，日本へ2億両を支払う。

  ▲下関条約の主な内容

- **(2)三国干渉**…**ロシア・フランス・ドイツ**が日本に**遼東半島**の清への返還を要求→日本国民の間にロシアへの対抗心。
- **(3)日露戦争**（1904～05年）…**義和団事件**や**日英同盟**（1902年）で対立を深めた日本とロシアが開戦→アメリカ合衆国の仲介で**ポーツマス条約**を締結。

  > ⓐロシアは，韓国における日本の優越権を認める。
  > ⓑ**樺太（サハリン）**の南半分を日本に譲る。

ⓒロシアは，遼東半島南部の租借権や長春以南の鉄道の権利を日本に譲る。

▲ポーツマス条約の主な内容

(4)朝鮮半島の動き … 1905年，日本は韓国を保護国とし，**伊藤博文**が初代韓国統監に→1910年，日本が**韓国**を併合。

(5)中国の動き … 1911年，**辛亥革命**→翌年，**孫文**が臨時大総統となり，**中華民国**が成立，清は滅亡。

☑ **3. 日本の産業革命と近代文化**

(1)日本の産業革命 … 1880年代後半，せんい工業中心→1901年，**八幡製鉄所**操業開始→日露戦争前後から重工業が発達→資本主義の発展で，資本家が日本経済を支配する**財閥**に成長。

(2)社会問題の発生 … 労働争議。**足尾銅山鉱毒事件**。

(3)近代文学 … 森鷗外の『**舞姫**』，夏目漱石の『**吾輩は猫である**』。

(4)教育の普及 … 義務教育が **6** 年に延長。小学校の就学率は1907年に97%。**北里柴三郎**や**野口英世**が世界的な研究を行う。

入試に出る　実戦問題 ＞ **日清戦争と三国干渉**

☑ **(1)** 右の地図のＡは，日清戦争後に日本が獲得した領土である。この半島を何というか。　［ **遼東半島** ］

☑ **(2)** Ａの半島は三国干渉によって，清へ返還された。三国干渉を行った国は，フランス・ドイツとどこか。

［ **ロシア** ］

第一次世界大戦とアジア

☑ 1. 第一次世界大戦とロシア革命

(1) 第一次世界大戦

◎背景…植民地をめぐる<u>三国同盟</u>（どうめい）と<u>三国協商</u>（きょうしょう）（連合国）の対立。

```
1902年 日英同盟
1907年              1907年 日露協約
          ロシア
英露協商
  ドイツ        オース
イギリス  1882年  トリア   日本
        三国同盟
  1904年
  英仏協商        1891年
フランス         露仏同盟
        イタリア
□ 三国協商    1907年 日仏協約
```

▲三国同盟と三国協商…イタリアは連合国側で参戦した。

◎経過…1914年,「ヨーロッパの火薬庫」と呼ばれたバルカン半島でのサラエボ事件をきっかけに開戦→戦争は4年におよび,<u>総力戦</u>となる。

◎日本の動き…<u>日英同盟</u>を理由に連合国側で参戦。

◎終結…1918年に同盟国側が降伏（こうふく）。

(2) ロシア革命

◎経過…1917年,皇帝（こうてい）が退位（たいい）,臨時政府（りんじ）が成立→<u>レーニン</u>らが臨時政府をたおし,世界初の**社会主義政府**をつくる→1922年,**ソビエト社会主義共和国連邦**（れんぽう）**（ソ連）**が成立。

◎影響（えいきょう）…アメリカ合衆国（がっしゅうこく）や日本などが干渉戦争（かんしょう）を起こし,軍隊を派遣（はけん）（<u>シベリア出兵</u>）。

☑ 2. 国際協調とアジアの民族運動

(1) 第一次世界大戦後の世界

◎**パリ講和会議**（こうわ）…1919年,連合国とドイツが<u>ベルサイユ条約</u>を調印。**民族自決**の原則が唱えられる。

◎<u>国際連盟</u>の設立…1920年,アメリカ合衆国の**ウィルソン大統領**の提案（ていあん）で設立。

！ 知っトク情報

ベルサイユ条約の影響

ベルサイユ条約で,ドイツは全植民地を失った上,巨額（きょがく）の賠償金（ばいしょうきん）が課（か）された。そのため,ドイツの経済が混乱し,ナチス台頭（たいとう）の原因となった。

◎民主主義の高まり…ドイツで**ワイマール憲法**が成立。イギリスなどで男女の**普通選挙**が実現。

◎国際協調…アメリカの呼びかけで**ワシントン会議**（1921〜22年）。
→**海軍の軍縮**，中国の主権尊重などを取り決め。日英同盟は解消。

(2) アジアの民族運動

◎中国の動き…1915年，日本が中国に**二十一か条の要求**→1919年，**五・四運動**が起こり，全国的な反日・反帝国主義運動へ発展→**孫文**らが**中国国民党**を結成。

◎朝鮮の動き…1919年，日本からの独立を求める**三・一独立運動**が起こる。

◎インドの動き…**ガンディー**の指導でイギリスに対する，**非暴力・不服従**の抵抗運動。

> 一．中国政府は山東省におけるドイツの権益を日本に譲る。
> 一．旅順や大連の租借期限，南満州鉄道の利権の期限を，さらに99か年ずつ延長する。

▲二十一か条の要求（一部要約）

▲ガンディー
（毎日新聞社）

第5章 二度の世界大戦と日本

入試に出る　実戦問題 ＞ 第一次世界大戦後の世界

☑(1) 右の年表の □□□ に当てはまる
国を答えよ。

[**中国**]

☑(2) 下線部の設立を提案した人物を，
ア〜ウから1人選べ。

ア レーニン　**イ** ガンディー
ウ ウィルソン　　[**ウ**]

年	できごと
1914	第一次世界大戦が始まる。
1919	□□□で五・四運動が起こる。
1919	ベルサイユ条約が調印される。
1920	国際連盟が設立される。

大正デモクラシーと新しい文化

☑ 1. 大正デモクラシーと大戦景気

(1) **第一次護憲運動** … **尾崎行雄**らが起こした，藩閥中心の専制政治を批判し，立憲政治を守る運動。

(2) **大正デモクラシー** … 民主主義を求める動き。**吉野作造**が**民本主義**を主張し，男子普通選挙や政党内閣の実現を説く。

(3) **大戦景気と米騒動**

◎ **大戦景気** … 日本は第一次世界大戦中に輸出が伸び，好景気に → **成金**が出現し，財閥はさらに発展。

◎ **米騒動** … **シベリア出兵**をみこした米商人らが米を買い占め，米価が上昇 → 1918年，富山県での米の安売りを求める騒動が新聞で報道されると，全国へ広がる → 内閣は，軍隊を出動させて鎮圧。

(4) **政党内閣の成立** … 米騒動で藩閥の内閣が退陣したあと，1918年，**原敬**が**日本初の本格的な政党内閣**を組織。

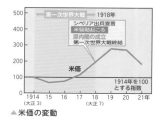

▲ 原敬
（国立国会図書館）

☑ 2. 社会運動の広がり

(1) **労働運動・農民運動** … 第一次世界大戦後，日本は不景気に → **労働争議**や**小作争議**が起こる。

(2) **被差別部落の人々** … 1922年，**全国水平社**を結成し，自力で差別からの解放を目指す。

(3) **女性による運動** … **平塚らいてう**らが青鞜社を結成，新婦人協会を設立。

▲ 米価の変動

☑ 3. 政党政治の展開

(1) **第二次護憲運動**…加藤高明が政党内閣を復活。

(2) **普通選挙法**の成立（1925年）…納税額による制限を廃止して、**満25歳以上のすべての男子**に選挙権。

(3) **治安維持法**の成立（1925年）…普通選挙法に先立ち成立→共産主義などを取り締まる。のちに対象が社会運動全体に拡大。

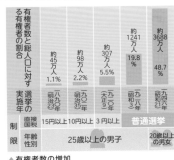

有権者数と総人口に対する有権者数の割合				約1241万人 19.8%	約3688万人 48.7%
	約45万人 1.1%	約98万人 2.2%	約307万人 5.5%		
実施年	一八九〇年 明治23	明治一八九二年	大正一九二〇年9	昭和一九二八年3	昭和一九四六年21
選挙 制限	直接国税	15円以上	10円以上	3円以上	普通選挙	
	年齢性別		25歳以上の男子			20歳以上の男女

▲有権者数の増加

☑ 4. 新しい生活と文化

(1) **大衆文化**…新聞・映画の広まり。**ラジオ**放送の開始。

(2) **文学**…志賀直哉らが雑誌『白樺』、**芥川龍之介**が『羅生門』。小林多喜二らのプロレタリア文学の流行。

(3) **都市の生活**…欧米風の「文化住宅」が流行。女性の社会進出が進む。

入試に出る 実戦問題 ＞ 普通選挙法の成立

☑ ◎1925年に成立した普通選挙法について答えよ。

(1) このころに最も近いできごとを、ア〜ウから1つ選べ。

ア　米騒動が起こる　イ　治安維持法が成立する

ウ　日本初の本格的な政党内閣が成立する　　　　　[　イ　]

(2) この法律での選挙権の条件を答えよ。

[(満) 25歳以上のすべての男子]

19 世界恐慌と日本の中国侵略

☑ 1. 世界恐慌とブロック経済

(1)世界恐慌

◎始まり…1929年，**アメリカ合衆国**のニューヨークの株式市場で**株価が大暴落**→恐慌は世界中へ拡大。

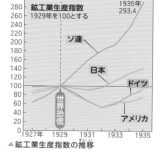

▲鉱工業生産指数の推移

◎各国の対策…アメリカでは，**ローズベルト（ルーズベルト）**大統領による**ニューディール**（新規まき直し）政策。イギリスやフランスでは，**ブロック経済**。

注 ソ連は，社会主義経済体制をとり，五か年計画を進めていたため，世界恐慌の影響を受けなかった。

(2)**ファシズム**の台頭

◎イタリア…1922年，**ムッソリーニ**率いる**ファシスト党**が政権を獲得。

◎ドイツ…経済混乱の中，**ナチス**が台頭→1933年，党首の**ヒトラー**が首相になり，一党独裁→国際連盟を脱退，ベルサイユ条約を破棄して再軍備を宣言。

☑ 2. 日本の中国侵略と軍部の台頭

(1)満州事変

◎始まり…1931年，日本の関東軍が柳条湖で**南満州鉄道**の線路を爆破（柳条湖事件）→これを中国側が行ったことと主張して軍事行動を始める。

◎結果…関東軍が満州全域を占領→1932年，満州国の建国を宣言。実質的には日本が支配。

◎その後の動き…中国が国際連盟に訴えを起こす→国際連盟は調査の上，満州国を認めず，日本軍に占領地からの撤兵を勧告→日本は，1933年に国際連盟を脱退，国際的に孤立を深める。

(2)**軍部の台頭**…**五・一五事件**（1932年5月15日）で，**犬養毅**首相が暗殺され，政党政治が途絶える。→**二・二六事件**（1936年2月26日）で有力政治家が殺傷される→以後，軍部の政治的発言力が強まり，議会は無力化。

▲犬養毅
（国立国会図書館）

✓ 3. 日中戦争

(1)**開戦**…1937年，北京郊外での**盧溝橋事件**がきっかけ。

(2)**経過**…中国は**国民政府**と**中国共産党**が**抗日民族統一戦線**をつくり，徹底抗戦。日本軍は首都**南京**を占領。

(3)**戦時体制の強化**…**国家総動員法**（1938年）で国民・物資を動員。**大政翼賛会**（1940年）の結成で政党を解散。

入試に出る 実戦問題 > 世界恐慌と日本の動き

✓ (1)次の文は，どの国で行われた世界恐慌対策か。
　◇ニューディール政策を実施し，大規模な公共事業をおし進めた。
　　　　　　　　　　　　　　　　　[**アメリカ（合衆国）**]

✓ (2)日中戦争までの流れを正しく並べかえよ。
　ア 二・二六事件　**イ** 日本の国際連盟脱退
　ウ 満州国の成立　　　　　　　　[**ウ→イ→ア**]

第5章 二度の世界大戦と日本

第二次世界大戦と日本

☑ **1. 第二次世界大戦**

(1) 大戦の始まり

▲ヨーロッパの戦争

◎1939年，ドイツがソ連と**独ソ不可侵条約**を締結。→ドイツが**ポーランド**に侵攻→イギリス・フランスがドイツに宣戦布告し，**第二次世界大戦**開戦。

(2) 経過 … 1940年，日本・ドイツ・イタリア（**枢軸国**）が**日独伊三国同盟**を締結→ドイツがフランスを占領し，翌年ソ連へ侵攻→アメリカ合衆国・イギリスが**大西洋憲章**を発表→ファシズムの**枢軸国**と反ファシズムの**連合国**の戦いに。

(3) ドイツの占領政策 … **ユダヤ人**を**迫害**。各地で**レジスタンス**。

☑ **2. 太平洋戦争**

(1) 背景 … 日本が「**大東亜共栄圏**」を唱え，フランス領インドシナに侵攻→ドイツ・イタリアと**日独伊三国同盟**，ソ連と**日ソ中立条約**を締結。

(2) 開戦 … 1941年12月，日本軍がマレー半島に上陸，ハワイの**真珠湾**のアメリカ軍基地を攻撃し，**太平洋戦争**開戦。

(3) 経過 … 日本軍が東南アジア各地を占領→ミッドウェー海戦の敗北によって日本は守勢に。

> **! 知っトク情報**
>
> **日本の南進の目的**
>
> ①行きづまった日中戦争の打開のために，石油やゴムなどの戦略物資を確保しようとした。
>
> ②アメリカやイギリスからの中国への援助物資のルートを断ち切ろうとした。

(4)**戦時下の国民生活**…**学徒出陣・勤
労動員**などで，兵力と労働力を確保。
空襲の激化で都市の小学生は，農村
に集団で**疎開（学童疎開）**。

▲学徒出陣 　　　　　　（毎日新聞社）

☑ **3. 戦争の終結**

(1)**イタリア・ドイツの降伏**…1943年に
イタリアが降伏。1945年，連合国首脳が**ヤルタ会談**で**ドイツ**
の戦後処理とソ連の対日参戦を決定→同年5月，ドイツが降伏
してヨーロッパの戦争が終わる。

(2)**日本の降伏**（1945年の動き）

◎ 3月，**東京大空襲**。アメリカ軍が**沖縄**上陸。

◎ 7月，アメリカ・イギリス・中国の名で**ポツダム宣言**を発
表→日本は無視。

◎アメリカが8月6日に**広島**，8月9日に**長崎**へ**原子爆弾**を
投下。8月8日に**ソ連が日ソ中立条約を破って日本に宣戦
布告**。→8月14日，日本がポツダム宣言を受け入れ，降伏
→翌日，昭和天皇がラジオ放送で国民に降伏を伝える。

入試に出る　実戦問題 ＞ **第二次世界大戦の始まり**

☑ (1)と(2)の文の□□□□に当てはまる国を答えよ。

(1)1939年，ドイツは□□□□と不可侵条約を結び，戦争への準備
を進めていった。　　　　　　　　　　　　　　　　[ソ 連]

(2)1945年，アメリカ・イギリス・□□□□の名でポツダム宣言が
発表され，日本は降伏を迫られた。　　　　　　　　[中 国]

21 戦後の日本と国際社会

☑ 1. 占領下の日本と民主化

(1)**連合国軍の占領**…**マッカーサー**を最高司令官とする**連合国軍最高司令官総司令部（GHQ）**が日本を統治。

(2)**日本の民主化**…選挙法の改正→**満20歳以上のすべての男女に選挙権**。**財閥解体**。**農地改革**→**自作農の増加**。**教育基本法**の制定。

(3)**日本国憲法**の制定…**国民主権・基本的人権の尊重・平和主義**が三つの基本原理。**天皇**は日本国・国民統合の**象徴**。

	自作	自小作	小作
1930年	31.1%	42.4%	26.5%
	農地改革 ↓		5.1
1950年（農地改革後）	62.3%		32.6

▲農地改革による農家数の割合の変化

☑ 2. 冷戦下の世界

(1)**国際連合（国連）の設立**…**総会・安全保障理事会**が中心。

(2)**冷戦（冷たい戦争）**…アメリカ合衆国中心の**資本主義**国（西側陣営）と，ソ連中心の**社会主義**国（東側陣営）が対立→アメリカ中心の**北大西洋条約機構（NATO）**，ソ連中心の**ワルシャワ条約機構**が成立。

(3)**アジア・アフリカの動き**

◎**朝鮮半島**…1948年，**大韓民国（韓国）**と**朝鮮民主主義人民共和国（北朝鮮）**が成立→**朝鮮戦争**（1950～53年）。

◎**中国**…1949年，共産党が国民党との内戦に勝利。蔣介石が率いる国民党は台湾へ逃れる→**毛沢東**を主席とする**中華人民共和国（中国）**が成立。

◎**アジア・アフリカの動き**…1955年，**アジア・アフリカ会議**を開き，平和共存を訴える。1960年，アフリカで17か国が独立し，「**アフリカの年**」と呼ばれる。キューバ危機，ベトナム戦争。

入試ナビ 冷戦の対立構造とその影響をしっかりと押さえておこう。
日ソ共同宣言と日本の国際連合加盟の関係を理解しておこう。

✓ **3. 日本の独立の回復**

(1)**独立の回復**

◎ 朝鮮戦争の影響…日本は**特需景気**と呼ばれる好景気に。**警察予備隊**の設立→**自衛隊**へ。

◎ 1951年，**サンフランシスコ平和条約**の調印，同日，**日米安全保障条約**→翌年，日本は独立を回復。

▲サンフランシスコ平和条約の調印　　（共同通信社）

◎ 1972年，**沖縄県**が日本に復帰。

(2)**日本の外交**…1956年，**日ソ共同宣言**でソ連と国交回復→**国際連合**に加盟。1965年，**日韓基本条約**で韓国と国交回復。1972年，**日中共同声明**で中国と国交正常化→1978年，**日中平和友好条約**。

(3)**高度経済成長**…1950年代後半からの急速な経済成長→家庭電化製品の普及，**東海道新幹線**開通，**東京オリンピック・パラリンピック**開催（1964年）→**石油危機**（1973年）で終わる。

入試に出る 実戦問題 ＞第二次世界大戦後の世界

✓ ①と②の結果としてもっとも適切なものを，**ア〜ウ**から1つずつ選べ。

①1951年にサンフランシスコ平和条約が結ばれた。

②アメリカとソ連の対立によって，冷戦が始まった。

ア 日本の国際連合加盟　**イ** ベトナム戦争が起こる

ウ 日本の独立回復　　　［ ① ウ ］［ ② イ ］

22 新たな時代の世界と日本

☑ 1. 冷戦終結とその後の世界

(1)冷戦の終結

◎ 東ヨーロッパ諸国…1989年に民主化運動が高まり，共産党政権が次々とたおれる。

◎ 1989年11月，冷戦の象徴だった**ベルリンの壁**が崩壊→同年12月，米ソの首脳が**マルタ会談**で**冷戦の終結**を宣言。

◎ 1990年，**東西ドイツ**が統一。

◎ 1991年，**ソ連**が解体。

▲ベルリンの壁の崩壊
（朝日新聞社）

→冷戦終結の結果，アメリカ合衆国が超大国に。

(2)国際協調の動き…主要国首脳会議（サミット）に新興国が加わりG20サミットに。ECは**ヨーロッパ連合（EU）**に発展。

(3)相次ぐ地域紛争・テロ…民族・宗教・文化の違いや国家間の対立から発生→**湾岸戦争**，アメリカ**同時多発テロ**，**イラク戦争**など→解決のために，国連の**平和維持活動（PKO）**，民間の**非政府組織（NGO）**などが活動。

☑ 2. 冷戦終結後の日本

(1)国際貢献の動き…1992年，**国際平和協力法（PKO協力法）**が成立→カンボジアに**自衛隊**を派遣。

(2)政治の動き…1993年に非自民連立内閣が成立し，**55年体制**が崩壊。2009年，2012年に**政権交代**。

(3)経済の動き…1991年に**バブル経済**が崩壊し，長期にわたる平成不況に。2008年，**世界金融危機**が発生。2020年，新型コロナウイルス感染症の流行で経済に打撃。

(4)自然災害の発生…阪神・淡路大震災（1995年），**東日本大震災**
（2011年）など→防災教育，再生エネルギーの導入などの課題。

(5)少子高齢化…子どもの数が減って高齢者の割合が高まると，同
時に人口が減少→生産力の低下や**社会保障費の増加**。

☑ 3. 持続可能な社会を目指して

(1)グローバル化…交通網や通信
技術の発達で，世界の一体化
が進む。

(2)地球環境問題…酸性雨・砂
漠化・熱帯（雨）林の減少な
ど。**地球温暖化**に対しては，
1997年に**京都議定書**が採択，
2020年に**パリ協定**が本格的に始動。

砂漠化　　酸性雨の被害　　熱帯(雨)林の減少

▲地球環境問題の広がり

(3)日本の課題…国連サミットで採択された**持続可能な開発目標**
（**SDGs**）の実現に向けての積極的な取り組み。

入試に出る　実戦問題 ＞ 冷戦後の世界

☑ (1)写真は，冷戦終結に関係が深いできごと
である。このできごとで壊された建造物は
何か。　　　　　　　　　　[ベルリンの壁]

☑ (2)PKOとして，自衛隊が派遣された国に当
てはまらないものを，**ア〜ウ**から１つ選べ。

ア モザンビーク **イ** カンボジア **ウ** 中国

[**ウ**]

〈年代順〉

よく出る外交と貿易

外交と重要人物

飛鳥	奈良		平安	鎌倉		室町
聖徳太子が摂政になる	都を平城京に移す	都を平安京に移す	平清盛が太政大臣になる	源頼朝が鎌倉幕府を開く	足利尊氏が室町幕府を開く	足利義満が南北朝を統一

☑ 遣隋使

聖徳太子が隋との正式な国交を目指し，小野妹子らを派遣した。

隋の制度や文化を学ぶため，使者を送ろう。留学生や僧も同行させるぞ。

▶聖徳太子

☑ 遣唐使

遣唐使に伴われて唐の僧鑑真が来日。菅原道真の提案で894年に派遣を停止。

唐は衰えた。往復の危険をおかしてまで公的な使者を送るのはやめよう。

▲菅原道真

☑ 日宋貿易

平清盛が大輪田泊（現在の神戸港）を修築して，中国の宋と積極的に貿易を進める。

宋との貿易は，利益があがるぞ！特に宋銭は重要な輸入品だ。

▶平清盛

宋銭・絹織物・陶磁器など

硫黄・刀剣・蒔絵など

宋　日本

▲日宋貿易

入試ナビ それぞれの貿易と関係が深い人物を押さえておこう。
勘合貿易で，勘合を用いた理由を理解しておこう。

安土桃山	江戸	明治

応仁の乱が起こる
豊臣秀吉が全国を統一
徳川家康が江戸幕府を開く
鎖国の体制が固まる
ペリーが浦賀に来航
江戸幕府が滅びる
五箇条の御誓文

☑ **日明貿易（勘合貿易）**

足利義満が開始。正式な貿易船と倭寇を区別するために，勘合と呼ばれる証明書が用いられた。

倭寇を取り締まるぞ。貿易の利益は，幕府の財源にしよう。

▶足利義満

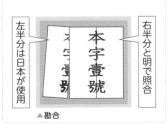

左半分は日本が使用
右半分と明で照合

▲勘合

☑ **朱印船貿易**

徳川家康が商人や大名に朱印状を与え，貿易を行わせる。東南アジア各地に日本町が形成される。

貿易を統制して，収入の一部を幕府に納めさせるぞ。

▶徳川家康

▲朱印船の航路と日本町

直前テーマ学習

〈年代順〉
よく出る写真と史料

（ 建築物・文学・絵画 ）

飛鳥	奈良	平安		鎌倉	室町

聖徳太子が摂政になる　飛鳥文化

都を平城京に移す　天平文化

都を平安京に移す　平安文化

国風文化

源頼朝が鎌倉幕府を開く

鎌倉文化

足利尊氏が室町幕府を開く

北山文化

☑ 国風文化と浄土信仰

◎ 文学

紫式部が『源氏物語』，清少納言が『枕草子』を著す。

▲源氏物語絵巻
（五島美術館）

◎ 平等院鳳凰堂

藤原頼通が建立。阿弥陀堂。

（平等院）

☑ 鎌倉文化

◎ 金剛力士像

運慶らによる力強い彫刻。東大寺南大門に安置されている。

▲東大寺南大門の金剛力士像 （東大寺）

◎ 軍記物

琵琶法師が語り伝えた『平家物語』が代表的。

▶琵琶法師
（東京国立博物館）

安土桃山	江戸	明治

- 東山文化
- 桃山文化
- 織田信長が室町幕府を滅ぼす
- 徳川家康が江戸幕府を開く
- 松平定信が寛政の改革を行う
- 元禄文化
- 化政文化
- ペリーが浦賀に来航
- 江戸幕府が滅びる
- 文明開化

室町文化

足利義満のころの**北山文化**と，
足利義政のころの**東山文化**。

◎ **水墨画**

墨一色で自然を表現。明で水墨画を学んだ禅宗の僧の雪舟が日本の風景を描く。

▲秋冬山水図（雪舟画）
（ColBase）

◎ **金閣**…足利義満が建てる。
◎ **銀閣**…足利義政が建てる。
　➡**書院造**が取り入れられる。

▶書院造
（ゼンジ）

元禄文化

（上方〈大阪・京都〉を中心に栄える）

◎ **浮世絵**

菱川師宣が木版画による浮世絵を始める。

▶見返り美人図
〔菱川師宣画〕
（ColBase）

化政文化

（江戸を中心に栄える）

◎ **錦絵**（多色刷りの浮世絵）

葛飾北斎が「**富嶽三十六景**」，**歌川（安藤）広重**が「**東海道五十三次**」を描く。

▶「東海道五十三次」蒲原宿〔歌川広重画〕
（東京国立博物館）

直前テーマ学習

現代社会と私たち

☑ **1. 現代社会のなりたち**

(1)**高度経済成長期の社会の変化**

◎工業の発展…軽工業中心から重化学工業中心へ。

◎交通の発達…東海道新幹線の開通，高速道路網の整備。

◎国民生活の変化…電化製品の普及，衣食住の洋風化。

◎社会問題の発生…公害の発生。都市の過密化・農村の過疎化。

(2)**高度経済成長以降の日本**…石油危機（高度経済成長の終わり），バブル経済の崩壊→世界金融危機による経済混乱。

(3)**持続可能な社会に向けて**…環境破壊，資源の枯渇，防災など多くの課題→国連サミットで「持続可能な開発目標（SDGs）」を採択，実現には人々の積極的な社会参画が必要。

☑ **2. 現代社会の特色**

(1)グローバル化…世界が結びつきを強めて一体化すること。

◎**背景**…交通機関や情報通信技術（ICT）の発達など。

◎**経済の結びつき**…国際市場で，より良い商品を安く提供しようとする国際競争や，競争力の弱い商品は他国を頼る国際分業が活発に。

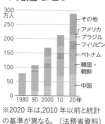

※2020 年は,2010 年以前と統計の基準が異なる。（法務省資料）

▲日本で暮らす外国人数の推移

◎**人々の結びつき**…訪日外国人，日本で暮らす外国人の増加→互いに尊重し合い，共生できる社会が求められる。

◎**課題**…世界の国々の間での経済格差の拡大や，地球温暖化，テロリズム，難民問題などの国際的な課題の増加→国際協力を通じた問題解決が図られている。

(2) **情報化**…社会の中で情報の果たす役割が大きくなること。

◎ 背景…**情報通信技術(ICT)の発達**で, 大量の情報の短時間での処理・分析, 世界中で一瞬での多様な情報の共有が可能に。

◎ 変化…インターネット・ショッピングの普及, 人工知能(AI)の活用。

◎ 課題…**情報格差**（デジタル・デバイド, 情報を活用できる人とできない人の格差）, **個人情報の流出**など。

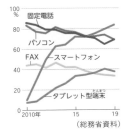
▲主な情報通信機器の保有状況

◎ **情報社会で求められること**…**情報リテラシー**（情報を正しく活用する力）や**情報モラル**（情報を正しく利用する態度）。

(3) **進む少子高齢化**…子どもの数が減り, 高齢者の割合が増加。

◎ 背景…**合計特殊出生率**の減少, **平均寿命**の伸び。

◎ 課題…生産年齢人口の減少による**国の経済力の低下**, 社会保障の費用の増加による**国民の経済的負担の増加**。

◎ 少子化対策, 介護サービスの整備…**育児・介護休業法**など。

入試に
出る **実戦問題** > <u>情報社会</u>

☑ ◎ 情報化の課題として**正しくないもの**を, ア〜ウから1つ選べ。

ア 情報を正しく活用する力が足りない。

イ すべての人が, 平等に情報を扱う手段をもっている。

ウ 個人情報が流出することがある。

〔 **イ** 〕

文化と私たちの生活

☑ 1. 暮らしの中の文化

(1) **文化の役割**…**科学・芸術・宗教**などの**文化**は，生活と心を豊かにするはたらきがある。

(2) **日本の伝統文化**

> **！ 知っトク情報**
> 明治時代初期の文明開化のころに，西洋の思想や生活習慣が取り入れられ，西洋文化が急速に広まった。

◎ **伝統芸能**…**能楽（能）・歌舞伎・落語**など。

◎ **年中行事**…3月のひな祭り，5月の端午の節句，8月(7月)のお盆など。

◎ **伝統文化の保護**…**文化財保護法**に基づき，歴史的な建造物や町並み，祭りや芸能など文化財の保存に努める。

(3) **日本文化の多様性**…地域による違い。**琉球文化**や**アイヌ文化**。

(4) **多文化共生**…互いの異なる文化を認め合い（**異文化理解**），ともに生活していくこと。**ダイバーシティー（多様性）**の尊重。

☑ 2. 家族の役割

(1) **家族**…最も**基礎的**な**社会集団**。

◎ **核家族世帯**…**夫婦だけ，または親と未婚の子どもからなる家族**。全体の50%以上。

◎ **単独世帯**…一人暮らしの世帯。**近年増加**。

(2) **家族の役割**…休息と安らぎの場，人間形成の場，支え合いの場，経済活動の単位。

	核家族世帯		単独世帯	その他
1975年	核家族世帯 58.7%		単独世帯 18.2	16.9 / 6.2
1985年	61.1%		18.4	15.2 / 5.3
1995年	58.9%		22.6	12.5 / 6.0
2005年	59.2%		24.6	9.7 / 6.5
2019年	59.8%		28.8	5.6 / 5.3

（1995年は兵庫県を除く。）　　（厚生労働省）

▲日本の家族形態の変化

(3) **課題**…育児や介護を家族だけで担うことが困難に→援助・声がけ・見守りなど，**地域社会全体で支えるしくみづくり**。

入試ナビ

近年の日本の家族形態の特色を押さえよう。

効率と公正を用いた解決策について考えてみよう。

★★★
★★★
★

☑ **3. 現代社会の見方・考え方**

(1) **社会集団**…家族，地域社会など。

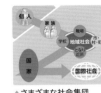

▲さまざまな社会集団

○ 人間は**社会的存在**…人間はさまざまな**社会集団**に所属し，その一員として助け合い，尊重し合いながら生きている。

○ 対立と合意…社会集団の中で起こる様々な問題（**対立**）→解決策を話し合って**合意**を目指す。

(2) **効率と公正**…対立を解消し，**合意を目指す**ために必要。

○ **効率**…最大の利益を得るために時間・労力の無駄を省く。

○ **公正**…誰にとっても手続きや機会・結果が公平であること。

(3) **社会集団のきまり（ルール）の意義**…対立を防ぐ→個人の**権利**を守る一方，私たちにきまりを守る**責任**や**義務**。

○ きまりの決め方…**全会一致**，**多数決**。多数決の場合は**少数意見の尊重**も必要。

入試に出る 実戦問題 > 家族形態と社会集団

☑ (1) 近年多様化している日本の家族形態について正しく述べているものを，ア〜ウから1つ選べ。

ア 三世代世帯や単独世帯が減った。

イ 核家族や三世代世帯が増えた。

ウ 核家族や単独世帯が増えた。 [**ウ**]

☑ (2) 最も基礎的な社会集団を，ア〜エから1つ選べ。

ア 職場　イ 学校　ウ 国家　エ 家族 [**エ**]

人権と日本国憲法

☑ 1. 人権思想の発達

(1) **人権思想と思想家**…**ロック**が『**統治二論**』で基本的人権・民主政治・抵抗権を，**モンテスキュー**が『**法の精神**』で三権分立を，**ルソー**が『**社会契約論**』で社会契約説を唱え，人民主権を説く。

(2) **人権思想の確立**…イギリスで**権利（の）章典**，アメリカ合衆国で**独立宣言**，フランスで**人権宣言**→国民主権・基本的人権・権力分立などを明文化。

(3) **人権思想の発展**…20世紀初め，ドイツの**ワイマール憲法**で初めて**社会権**を保障。

(4) **立憲主義**…**法の支配**に基づき，憲法によって政治権力を制限して人権を保障するという考え。

◎ **法の構成**…**最高の法は憲法**，次いで法律，次いで命令や規則。

☑ 2. 大日本帝国憲法と日本国憲法

(1) **大日本帝国憲法**（1889年発布）…**主権者は天皇**。国民の権利は，**法律の範囲内**で認める。

(2) **日本国憲法**（1946年公布）

◎ 性格…国の最高法規。

◎ ３つの基本原理…**国民主権・基本的人権の尊重・平和主義**。

◎ 憲法の改正…各議員の総議員の**３分の２**以上の賛成で国会が発議→国民投票による**過半数**の賛成が必要。

憲　法　改　正　案

国会
各議院の総議員の３分の２以上の賛成で発議される。

↓ **発議**

国民
国民投票で過半数の賛成があれば承認される。

↓ **承認**

天皇
天皇が国民の名で公布する。

▲ 日本国憲法改正の手続き

入試ナビ

人権思想を説いた3人をしっかり押さえておこう。
日本のかかげる非核三原則の内容を押さえておこう。

★★★
★★★

☑ 3. 国民主権と平和主義

(1) **国民主権**…国の政治のありかたを最終的に決める権限は**国民**にある。**天皇は日本国と日本国民全体の象徴**で，憲法に定める**国事行為**のみを行う。国事行為には**内閣の助言と承認**が必要。

(2) **平和主義**…日本国憲法**第9条**で，**戦争の放棄・戦力の不保持・交戦権の否認**を定める→**自衛隊**については合憲・違憲の議論がある。

(3) **日本の核政策**…核兵器を「**持たず・つくらず・持ちこませず**」の**非核三原則**をかかげる。

> 日本国憲法【第9条】
> （戦争の放棄）
> ①日本国民は，
> 　〜中略〜
> 　国権の発動たる戦争と，また武力による威嚇又は武力の行使は，国際紛争を解決する手段としては，永久にこれを放棄する。

入試に出る　実戦問題 > 人権思想と日本国憲法

☑ (1)『法の精神』で，三権分立を説き，アメリカ合衆国憲法に影響を与えた人物はだれか。

[**モンテスキュー**]

☑ (2) 右の日本国憲法の条文は，日本国憲法の3つの基本原理のうち，どれと関係が深いか。

[**平和主義**]

☑ (3) 右の条文は，日本国憲法第何条か。

> ①〜前略〜　国権の発動たる戦争と，武力による威嚇又は武力の行使は，国際紛争を解決する手段としては，永久にこれを放棄する。
> ②〜前略〜　陸海空軍その他の戦力は，これを保持しない。国の交戦権は，これを認めない。

[**第9条**]

4 基本的人権①

☑ 1. 基本的人権と国民の義務

(1) **基本的人権**…国家権力も奪うことができない不可侵の権利で，現在と将来の国民に保障された**永久**の権利。

◎ 社会全体の利益（**公共の福祉**）を優先する必要がある場合に，人権は制限されることがある。

(2) **国民の義務（三大義務）**…子どもに**普通教育**を受けさせる義務・**勤労**の義務・**納税**の義務。

> 日本国憲法【第12条】
> この憲法が国民に保障する自由及び権利は，
> ～中略～
> 濫用してはならないのであつて，常に公共の福祉のためにこれを利用する責任を負ふ。

☑ 2. 平等権

(1) **法の下の平等**…**人種・信条・性別**などで，政治的・経済的・社会的関係において，差別されない。

(2) **個人の尊厳と両性の本質的平等**…夫婦の平等→婚姻（結婚）は**両性**（男女）の合意のみで成立。

(3) **共生社会を目指して**

◎ 部落差別の撤廃…**部落差別解消推進法**。

◎ 民族差別の解消…**アイヌ民族支援法**。

◎ 男女平等を目指して…就職の際の男女平等を定めた**男女雇用機会均等法**，男女が対等の立場で活躍する社会をつくることを目指す**男女共同参画社会基本法**。

◎ 障がいのある人とともに…**障害者差別解消法**。公共施設での**バリアフリー化**の推進。

▲階段のかわりに設置されたスロープと手すり

(JSフォト)

**入試
ナビ**
自由権のそれぞれの内容をしっかり理解しておこう。
社会権のうち，生存権は特に重要。内容を覚えておこう。

☑ **3. 自由権**

(1) **身体の自由** … **奴隷的拘束**および苦役からの自由，法定手続き
の保障など。

(2) **精神の自由** … **思想・良心**の自由，**信教**の自由，**学問**の自由，
表現の自由など。

(3) **経済活動の自由** … 居住・移転・**職業選択**の自由，**財産権**の保
障など→法律による制限を受けやすい。

☑ **4. 社会権**

(1) **生存権** （第25条） … 健康で文化的
な**最低限度の生活**を営む権利。

(2) **教育を受ける権利**。

(3) **勤労の権利**。

▲社会権の内容

(4) **労働基本権（労働三権）** … **団結権・団体交渉権・団体行動権**
（争議権）→これらの権利を守るために，**労働組合法・労働基準法・労働関係調整法**の労働三法を制定。

**入試に
出る** **実 戦 問 題** > **基本的人権**

☑ (1) 次の①〜③は，自由権のうちどの自由に含まれるか。ア〜ウ
から１つずつ選べ。

①学問の自由　②職業選択の自由　③法定手続きの保障

ア　身体の自由　イ　精神の自由　ウ　経済活動の自由

①[　**イ**　]　②[　**ウ**　]　③[　**ア**　]

☑ (2) 日本国憲法第25条で規定されている生存権は，自由権・平等
権・社会権のどれに含まれるか。　　　　　　[　**社会権**　]

5

【公民】第2章 人間の尊重と日本国憲法

基本的人権②／国際社会

☑ 1. 人権を守るための権利

(1)**参政権**…国民が直接，または代表者を通
じて間接的に政治に参加する権利。

　◎**選挙権**…国民が代表者を選挙する権利。

　◎**被選挙権**…選挙に立候補する権利。

　◎最高裁判所裁判官に対する**国民審査**権，国や地方の役所など
に何かを要望する**請願権**など。

(2)**請求権**…基本的人権が侵害された場合に，国にその救済を求
める権利。

　◎**裁判**を受ける権利…誰でも裁判所において裁判を受ける権利
をもっている。

　◎**国家賠償請求権**（損害賠償請求権）…公務員による**不法行為**
で損害を受けた際，損害賠償を請求できる。

　◎刑事補償請求権…事件の犯人として訴えられた裁判で，無罪
になった人が，国に補償を求める権利。

☑ 2. 新しい人権

(1)**環境権**…人間らしい生活ができる環境を求める権利→**環境基
本法**の制定や**環境アセスメント**（環境影響評価）の義務づけ。

(2)**知る権利**…国や地方公共団体に対し
て，情報の公開を要求する権利。**情報
公開条例**や**情報公開法**の制定で実現。

　➡国や地方に**情報公開制度**…人々の請
求に応じて情報を開示。

▲情報公開制度のしくみ（例）

入試
ナビ
知る権利の内容と情報公開の動きを押さえておこう。
プライバシーの権利の内容と個人情報保護法を押さえておこう。

(3) **プライバシーの権利**… 私生活をみだりに公開されない権利→**個人情報保護制度**を整備（**個人情報保護法**の制定など）。

(4) **自己決定権**…個人が生き方などについて自由に決定する権利→医療における**インフォームド・コンセント**や**臓器提供意思表示カード**など。

> **！ 知っトク情報**
>
> **新しい人権と憲法**
> 環境権・知る権利・プライバシーの権利などは、近年、主張され始めたため、日本国憲法に明記されていない。そのため、憲法を改正して、新しい人権を明文化しようとする動きがある。

☑ **3. 国際社会と人権**

(1) **国際的な人権保障の動き**

◎ **世界人権宣言**…基本的人権の国際的な模範を示す。

◎ **国際人権規約**…世界人権宣言を条約化。

◎ **女子差別撤廃条約**…女子差別の撤廃を求める。

◎ **子ども（児童）の権利条約**…子どもの人権を国際的に保障。

(2) **国境を越えて活動するNGO（非政府組織）の活躍**… 国境なき医師団、ICAN（核兵器廃絶国際キャンペーン、**核兵器禁止条約**成立に貢献したNGOの連合体）など

入試に
出る **実戦問題** > **新しい人権**

☑ ①〜③は、新しい人権のうちのどの権利と関係が深いか。ア〜ウから１つずつ選べ。

①個人情報保護法　②情報公開法　③環境基本法

ア 知る権利　**イ** 環境権　**ウ** プライバシーの権利

①[**ウ**]　②[**ア**]　③[**イ**]

6

民主政治と選挙

☑ 1. 民主政治とその実現

(1)**民主主義の原則**…話し合いにより意見を決定→意見が一致（いっち）しない場合は，多数意見に従う（多数決の原理）。

(2)**民主政治の形態**…ほとんどの国が**間接民主制**（議会制民主主義・代議制（だいぎ））をとり，選挙で代表者（議員）を選ぶ。

☑ 2. 日本の選挙のしくみ

(1)**選挙の4原則**…普通・秘密（ひみつ）・平等・**直接**選挙。

(2)**公職選挙法**…選挙権・被選挙権・選挙手続きなどを規定。

(3)選挙制度の種類

◎ <u>小選挙区制</u>…**1つの選挙区から1人の代表者**を選ぶ。**死票が多いが，政権は安定する。**

◎ <u>比例代表制</u>…**各政党の得票率（数）に応じて議席を配分。少数意見が反映されやすいが，政権が不安定になりやすい。**

	被選挙権	選挙権
衆議院議員	満25歳以上	満18歳以上
参議院議員	満30歳以上	
都道府県 首長	満30歳以上	
都道府県 議員	満25歳以上	
市区町村 首長	満25歳以上	
市区町村 議員	満25歳以上	

▲被選挙権と選挙権の年齢

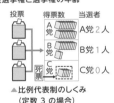

▲比例代表制のしくみ（定数3の場合）

(4)国政選挙のしくみ

◎ 衆議院… <u>小選挙区制</u>（289名）と**比例代表制**（176名）を組み合わせた小選挙区比例代表並立（へいりつ）制（2022年現在）。

◎ 参議院…主に都道府県を選挙区とする**選挙区制**（148名）と全国を1つの単位とする**比例代表制**（100名）を組み合わせている（2022年現在）。

(5)**選挙の課題**…**棄権（きけん）の増加**（投票率の低下）。**一票の格差（かくさ）。**

入試ナビ 小選挙区制と比例代表制のしくみをしっかり押さえておこう。
衆議院・参議院議員選挙で導入されている選挙制度は要チェック！

☑ 3. 世論と政党の役割

(1) **世論**（よろん）…国民の多くの意見のまとまり。**マスメディア**を通じて形成され，政治を動かす力となる。

> **注** 国民はマスメディアの情報をうのみにせず，メディアリテラシーをもって，自分自身で考えて判断することが必要。

(2) **政党**…政策について同じ考えをもつ人々の団体。

政権を担当	政府・与党の監視・批判	
与党	野党	野党

選挙で投票

A党	B党	C党

国民のさまざまな意見や要望

▲政党と国民の関係

◎ 活動…選挙では，政権公約をかかげ，議席獲得（かくとく）を目指す。

◎ 政党の分類…政権を担当している政党が**与党**。政府・与党を批判・抑制する政党が**野党**（やとう）。

◎ **政党政治**の形態…議席の大部分を２大政党が占める**二党制**（二大政党制）。３つ以上の政党が占める**多党制**。多党制では，２つ以上の政党で，**連立政権**（連立内閣）をつくることがある。

◎ 問題…資金集めの際の政治腐敗（ふはい）→**政治資金規正法**の制定や**政党交付金**の交付。

入試に出る 実戦問題 ＞日本の選挙制度

☑ 日本の選挙制度について<u>正しくない</u>ものを，ア〜ウから１つ選べ。

ア 選挙権・被選挙権は，公職選挙法で規定されている。

イ 普通・秘密・平等・直接選挙の４原則からなる。

ウ 参議院議員選挙では，小選挙区制が導入されている。

[**ウ**]

国会のしくみ

☑ 1. 国会の地位としくみ

(1)**地位** … 国権の最高機関で，**唯一の立法機関**。

(2)**しくみ** … 衆議院と参議院の二院制（両院制）。

	衆議院		参議院
	465名	議員数	248名
	4年(解散あり)	任期	**6年**(解散なし)
	満**25**歳以上	被選挙権	満**30**歳以上
	小選挙区 289人 比例代表 176人	選挙区	選挙区 148人 比例代表 100人

▲衆議院と参議院

(3)**種類**

◎**常会（通常国会）** … 毎年1回，1月中に召集。次の年度の予算を審議し議決。会期は150日間。

◎**特別会（特別国会）** … 衆議院解散後の総選挙の日から，**30**日以内に召集。**内閣総理大臣の指名**の議決を行う。

◎**臨時会（臨時国会）** … 内閣が必要と認めた場合，またはいずれかの議院の総議員の4分の1以上の要求があった場合などに召集される。

☑ 2. 国会の運営

(1)**国会の仕事** … 法律の制定，予算の審議・議決，条約の承認，憲法改正の発議，内閣総理大臣の指名，弾劾裁判所の設置，国政調査権。

(2)**議案の審議過程** … 議案は，委員会→（公聴会）→本会議の順で審議。

(3)**会議の原則** … 本会議での議決の場合，総議員の3分の1以上の出席が必要→**出席議員の過半数**の賛成で議案が成立（特別表決を除く）。会議は公開が原則。

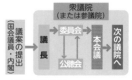

▲議案の審議過程

入試
ナビ
衆議院と参議院の任期や選挙制度をしっかり押さえておこう。
衆議院の優越にはどんなものがあるか理解しておこう。

☑ 3. 衆議院の優越と衆議院の解散

(1) **衆議院の優越**…いくつかの議案では，**衆議院に参議院よりも
強い権限**が認められている。

▲法律案の議決での衆議院の優越

◎ **法律案の議決**…参議院が異なる議
決をした場合，衆議院で出席議員
の **3分の2** 以上の賛成で再び可
決すれば成立。

◎ **予算の議決・条約の承認・内閣総
理大臣の指名**…参議院が異なる議
決をした場合，**両院協議会**でも意
見が一致しないときは，衆議院の議決が国会の議決となる。

◎ 衆議院のみに認められている権限…**予算**の先議権と，**内閣不
信任**の決議権。

(2) 「**衆議院の優越**」が認められている理由…衆議院は参議院よ
り任期が短く解散もあるので，国民の意見をより反映している
と考えられるため。

入試に
出る **実戦問題** > 衆議院の優越

☑ 次の文は，どの議案についての衆議院の優越に関して述べてい
るか。ア〜エから1つ選べ。

　◇参議院が衆議院と異なる議決をした場合，衆議院で出席議
　員の3分の2以上の賛成で再可決すれば成立する。

　　ア 予算の議決　　**イ** 内閣総理大臣の指名

　　ウ 条約の承認　　**エ** 法律案の議決　　　　　[**エ**]

☑ 1. 内閣と議院内閣制

(1)**内閣のしくみ**…**内閣総理大臣**(首相)とその他の**国務大臣**で構成。**閣議**を開き、法律案や予算を国会に提出。

(2)**日本の議院内閣制**

註 国務大臣の多くは、外務大臣、財務大臣、文部科学大臣のように、各府省の長(責任者)となり、行政の仕事を分担している。

◎ 内閣総理大臣は**国会議員**の中から国会が指名し、天皇が任命。

◎ 国務大臣の**過半数は国会議員**の中から選ばれる。内閣総理大臣が任命。

◎ **行政権**の行使について、内閣は国会に対して**連帯責任**を負う。

◎ 衆議院で**内閣不信任案**が可決されれば、内閣は**10日以内**に**衆議院を解散**するか**総辞職**しなければならない。

▲国会と内閣の関係

☑ 2. 内閣の仕事

(1)日本国憲法第73条に定められた仕事

◎ 法律に従って政治を進め、行政機関を指揮・監督する。

◎ **予算を作成**し、国会に提出する。

◎ その他…**条約の締結**、**政令**(内閣が制定する命令)の制定など。

(2)その他の仕事

◎ 天皇の国事行為に対し、**助言と承認**を与える。

◎ **最高裁判所長官を指名**、その他の裁判官を任命。

◎ 国会の召集や衆議院の解散を決定する。

入試ナビ　議院内閣制における，国会と内閣の関係を理解しておこう。
天皇と裁判所に対する内閣のはたらきかけを押さえておこう。

☑ 3. 行政改革と公務員

(1)行政改革

◎ **省庁の再編**… 1府22省庁を 1府
（**内閣府**）12省庁に再編。

◎ **地方分権**の推進…国と地方公共団
体を対等な関係に置き，地方公共
団体の権限を強める。

◎ **規制緩和**…国が民間企業に対して行っていた規制を緩め，経
済の活性化をうながす。

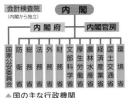

▲国の主な行政機関

(2)公務員…国や地方公共団体の公務を担当する人々。**国家公務
員**と**地方公務員**がある。

◎性格…日本国憲法で「すべて公務員は，**全体の奉仕者**であっ
て，一部の奉仕者ではない」と定めている。

◎義務…公務員は憲法を尊重し，擁護する義務がある。

入試に出る　実戦問題 ＞ 内閣のしくみ

☑ A～Cのうち，下線部が正しいものは○，<u>正しくないものは正
しい語句</u>を答えよ。

A　内閣総理大臣は国会議員の中から<u>内閣</u>が指名する。

B　国務大臣の<u>3分の2</u>以上は国会議員の中から選ばれる。

C　<u>衆議院で内閣不信任案が可決されれば，内閣は10日以内
に衆議院を解散するか総辞職しなければならない。</u>

A〔 **国会** 〕　B〔**過半数**〕　C〔　**○**　〕

裁判所のはたらき／三権分立

☑ 1. 裁判所と裁判のしくみ

(1) 裁判所の種類

- ◎ **最高裁判所**…**司法権**の最高機関。

- ◎ **下級裁判所**…**高等裁判所・地方裁判所・
  家庭裁判所・簡易裁判所**。

(2) 裁判所と裁判官の地位

- ◎ **司法権の独立**…裁判所や裁判官は，他の権力から圧力や干渉（かんしょう）を受けない。

- ◎ 裁判官の独立…裁判官は，自己の**良心**に従って独立して裁判を行い，**憲法**と**法律**にのみ拘束（こうそく）される。

- ◎ 裁判官の任命…最高裁判所長官は**内閣**（ないかく）が指名し，**天皇**（てんのう）が**任命**。その他の裁判官は内閣が任命。

(3) **三審制**（さんしんせい）…**控訴**（こうそ）・**上告**（じょうこく）して3回まで裁判を受けられる→裁判を公正・慎（しん）重（ちょう）に行って間違（ちが）った判決を防ぎ，人権を守るためのしくみ。

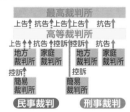

▲三審制のしくみ

☑ 2. 裁判の種類と裁判員制度

(1) **民事裁判**（みんじ）…個人や企業間の対立などを裁く裁判。裁判所に訴（うった）えた人が**原告**（げんこく），裁判所に訴えられた人が**被告**（ひこく）。

(2) **刑事裁判**（けいじ）…犯罪に関する裁判。裁判官は**検察官**と**被告人**（ひこくにん）の言い分を聞き，有罪か無罪かの判決を下す。

- ◎ 人権の保障…**令状主義**（れいじょう）・**黙秘権**（もくひけん）の保障・**拷問**（ごうもん）の禁止。

(3) **司法制度改革** … **日本司法支援センター（法テラス）の設置**,
被害者参加制度, **取り調べの可視化**など。

(4) **裁判員制度** … **国民が裁判員として刑事裁判に参加し**, 被告人
の有罪・無罪, 刑の内容などを決める制度。

☑ 3. 三権分立とそのしくみ

(1) **目的** … 国家権力の濫用（集中）を防ぎ, 国民の権利と自由を
守る。

(2) **内容** … 国会が **立法権**,
内閣が **行政権**, 裁判所
が **司法権** を持つ→相互
が **抑制**, **均衡**をはかる。

▲日本の三権分立

(3) **その他** … 裁判所は **違憲審査権**（違憲立法審査
権・法令審査権）をもつ→最高裁判所は最終的な決定権をもつ
「**憲法の番人**」。

入試に出る 実戦問題 > 裁判員制度

☑ 2009年に導入された裁判員制度について正しく述べた文を, ア
〜ウから1つ選べ。

ア 裁判員が参加するのは刑事裁判のみで, 民事裁判には参
加しない。

イ 裁判員は25歳以上の有権者から選ばれる。

ウ 評議・評決は国民から選ばれた裁判員のみが行い, 裁判
官は関与しない。 〔 **ア** 〕

地方政治のしくみとはたらき

☑ 1. 地方自治とそのしくみ

(1) **地方自治**… 住民が自らの意思と責任で地域の政治を行うこと。
憲法と<u>地方自治法</u>で保障されている。

(2) <u>地方公共団体</u>(地方自治体)… 地方自治を行う都道府県や市(区)
町村。住民が首長と地方議員の2種
類の代表を選ぶ**二元代表制**が特徴。

◎ <u>首長</u>… **都道府県知事・市(区)町村長**。

◎ <u>地方議会</u>… 都道府県議会と市(区)
町村議会。住民から直接選ばれた
議員で構成。

	選挙権	被選挙権	任期
議員	満18歳以上 直接選挙	満**25歳**以上	**4年**
首長	満18歳以上 直接選挙	市(区)町村長 満**25歳**以上	**4年**
		都道府県知事 満**30歳**以上	

▲住民の選挙権・被選挙権

☑ 2. 地方公共団体の仕事と財政

(1) **地方公共団体の仕事**… 土木・建設，教育と文化の振興，警
察・消防，福祉など。

(2) **地方財政**… 歳入と歳出からなる。

◎ 歳入… 住民から徴収する<u>地方税</u>，借金
である**地方債**。国からの支出で，使い
方が限定されている**国庫支出金**・地方
公共団体の間の財政格差をおさえるた
めの<u>地方交付税交付金</u>。

◎ 歳出… 民生費・教育費・土木費・公債
費など。

◎ 課題… **自主財源が少ない。**

その他
地方債 8.4
16.6
国庫支出金
地方税 45.4%
2022年度
91.0兆円
地方交付税交付金 20.0

「日本国勢図会」

▲地方財政の歳入の割合

☑ 3. 地方自治と住民参加

(1) **直接請求権**… 住民が首長や選挙管理委員会などに対して請求。

◎ **解職請求（リコール）** …地方議会議員・首長などを辞めさせることを求める。

◎ **解散請求** …地方議会の解散を求める。

◎ **その他** …条例の制定・改廃の請求や監査請求がある。

種　類	必要な署名数	請求先
条例の制定・改廃	有権者の**50分の1以上**	首長
監査		監査委員
首長・議員の解職	有権者の**3分の1以上**	選挙管理委員会
議会の解散		

▲ 主な直接請求
※ 有権者が40万人以内の場合。

注 人の地位や職を奪う請求には必要な署名数が有権者の3分の1以上と、厳しい条件がついている。

(2) **住民投票** …憲法で定められたものや、公共施設の建設や市町村合併など住民に深い関わりのある事柄について、住民が投票により直接意思表示をするものなどがある。

(3) **住民参加** … **オンブズマン** （オンブズ、オンブズパーソン）制度で、住民が自治体の機関や職員を監視。**NPO** （非営利組織）の活動など。

第3章 現代の民主政治と社会

入試に
出る **実戦問題** ＞ **直接請求権**

☑ ①～③の直接請求権に必要な署名数をア～ウから、請求先をエ～カから選べ。

①議会の解散　②条例の制定　③監査

ア 50分の1以上　**イ** 3分の1以上　**ウ** 過半数

エ 首長　**オ** 監査委員　**カ** 選挙管理委員会

①[**イ** ・ **カ**]　②[**ア** ・ **エ**]　③[**ア** ・ **オ**]

家計と流通

☑ 1. 経済と家計

(1) **経済**…生産・流通・消費のしくみの全体のこと。**経済活動**は，**家計・企業・政府**によって行われる。

(2) **希少性**…求める量に対して財やサービスが不足した状態を**希少性**が高いという。

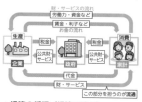

▲経済の循環（経済の流れ）

(3) **家計**…家庭の収入と支出。

◎収入の種類…**給与収入**，**事業収入**，**財産収入**。

◎支出の種類…**消費支出**（食料費，住居費，水道光熱費など），**非消費支出**（税金，社会保険料など）。

(4) **貯蓄**…収入から消費支出と非消費支出を引いた残り。

> **！知っトク情報**
>
> **さまざまな収入**
>
> **給与収入**…会社などで働いて得る。
>
> **事業収入**…お店の経営などで得る。
>
> **財産収入**…もっている土地などから得る。

☑ 2. 消費者の権利と保護

(1) **契約**…買い手と売り手による商品の売買の合意。

◎**契約自由の原則**…いつ，誰と，どのような内容の契約を，どのような方法で結ぶかは基本的には自由であるという原則。

(2) **消費者主権**…消費者の意思と判断で適切な商品を購入するという考え方。

(3) **消費者問題**…欠陥商品や詐欺など，消費者が不利益を受ける問題→**消費者の権利**の保障が必要。

(4) **消費者の保護**…消費者の権利を守り，消費者問題に対応する

入試ナビ

家計の収入と支出の種類をしっかり押さえておこう。
製造物責任法の略称と内容をしっかり理解しておこう。

ための政策→**消費者基本法**の制定，**消費者庁**の設置など。

◎ **クーリング・オフ**制度…商品を購入したあと，一定期間内であれば，その契約を無条件で解約できる。

◎ **製造物責任法（PL法）**…製品の欠陥で消費者が被害を受けた場合，企業に被害の救済を義務づける。

☑ **3. 流通と貨幣**

(1)**流通の合理化**…直接仕入れや産地直送，**インターネット・ショッピング**の広がり。**POS**（販売時点情報管理）**システム**の導入。

(2)**支払いの手段の変化**…**クレジットカード**のほか，スマートフォンを利用した**電子マネー**など，現金を使わない**キャッシュレス決済**が普及。

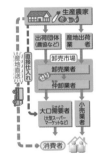

▲野菜やくだものが届くまで

(3)**貨幣のはたらき**…商品の価値をはかる尺度のはたらき（**価値の尺度**），商品の交換の仲立ちをする（**交換の手段**），銀行に預けるなどして価値を貯蔵することができる（**価値の保存**）。

入試に出る　実戦問題 ＞ 製造物責任法

☑ 製造物責任法について述べた次の文の　　　に当てはまる語句を，ア〜エから１つ選べ。

◇製品の欠陥で消費者が被害を受けた場合，　　　に被害の救済を義務づけている。

　ア 消費者　**イ** 企業　**ウ** 国　**エ** 地方公共団体

[　**イ**　]

市場のはたらきと価格

☑ **1. 市場経済と価格**

(1) 市場経済のしくみ

◎ **市場価格**…市場で消費者が買おう
うとする量（**需要量**）と，生産者が
売ろうとする量（**供給量**）の関係
によって決まる。

◎ **均衡価格**…需要量と供給量がつり
合ったときの価格。

◎ 価格の内訳…**生産費**＋卸売・小売経費
（卸売・小売にかかった費用）＋**利潤**
（生産者・卸売業者・小売業者の利益）。

(2) 特別な価格

◎ **独占価格（または寡占価格）**…限られ
た企業が一方的に決める価格→不当に
高く，消費者に不利→**公正取引委員会**
が**独占禁止法**に基づいて，監視・指導を行う。

◎ **公共料金**…国民の生活に関わりが深い，**鉄道・バスの運賃，
電気・ガス・水道**などの料金。国会や政府・地方公共団体が
決めたり，認可したりする。

☑ **2. 物価とインフレ・デフレ**

(1) 物価…いろいろな商品の価格やサービスの料金を総合して平
均化したもの。一般に，物価指数で表される。

注意 物価指数は，基準となるある年（月）の物価を100とする。

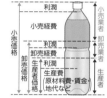

▲ 需要量と供給量と価格の関係

▲ 商品の価格の内訳

入試ナビ 市場価格の決まり方をしっかり理解しておこう。
インフレとデフレの意味と影響をしっかり理解しておこう。

(2) インフレーション（インフレ）

◎意味…物価が継続的に**上昇**して，**貨幣の価値が下がる**こと。

◎影響…実質賃金が低下して生活が苦しくなる→年金生活者などを圧迫。

(3) デフレーション（デフレ）

◎意味…物価が継続的に**下落**して，**貨幣の価値が上がる**こと。

◎影響…企業の利益が減少→企業の倒産の増加，失業者の増加→経済活動が不活発に。

◎デフレ状態と消費低迷を繰り返して，不景気が深刻化することを**デフレスパイラル**という。

! 知っトク情報

価格のはたらき

価格は需要量と供給量を調節するはたらきがある。
①価格が上昇した場合…需要量は減少，供給量は増加。
②価格が下落した場合…需要量は増加，供給量は減少。

第4章 私たちの暮らしと経済

実戦問題 ＞ 価格のしくみ

☑(1) 右の図を参考に，次の文のＸとＹに当てはまる語句を答えよ。

◇市場経済のもとでは， Ｘ 量が Ｙ 量より多いと価格は下がる。

Ｘ〔 **供給** 〕 Ｙ〔 **需要** 〕

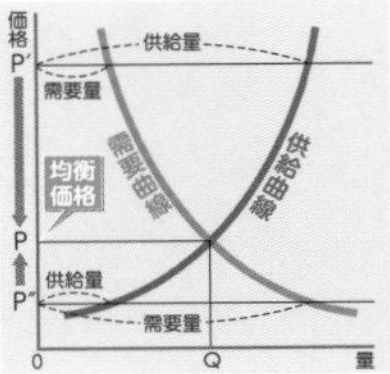

☑(2) 公共料金に含まれないものを，ア～エから1つ選べ。

ア バス運賃　イ 新聞購読料　ウ 電気料金　エ 水道料金

〔 **イ** 〕

生産と企業

☑ 1. 生産のしくみと資本主義経済

(1) **生産**…主に**企業**が行う→分担して**財**や**サービス**を生産（**分業**）→生産されたものを貨幣と**交換**。

◎三つの生産要素…**土地・資本**（設備）・**労働力**。

◎企業による**技術革新**（イノベーション）…新たな商品の開発や新たな生産方法の導入など，利潤を大きくするための取り組み。

(2) **資本主義経済**…個人や企業が，利潤を目的に，**生産要素**を使って商品を生産・販売するしくみ→企業どうしの競争を通じて，技術革新や豊かな生活をもたらす。

> **! 知っトク情報**
>
> **もう1つの生産要素**
>
> 　近年，生産要素に，知的資源（知的財産）を加える考え方もある。これは，生産を効率的に行うための製法の特許やノウハウ（知識や知恵），労働者の熟練や技能が重要視されるようになったためである。

☑ 2. 企業の種類と株式会社

(1) **企業の種類**

◎**公企業**…国や地方公共団体などが経営する企業。

◎**私企業**…民間が経営する企業。**利潤の追求**を最大の目的とする。個人企業と法人企業（**株式会社**や**合同会社**など）がある。

(2) **株式会社**のしくみ

◎**株式**の発行…資本金を少額の株式に分けて発行し，多くの人から資金を集める。株式を購入した人を株主という。

◎**株主**の権利と責任…株主総会に出席して議決に参加。利潤の一部を**配当**として受け取る。会社が倒産しても，投資金額以上の負担はしない（**有限責任**）。

入試ナビ 資本主義経済の特色と問題点をしっかり理解しておこう。
株式会社のしくみ，特に株主の権利を押さえておこう。

★★★
★★★
★★
★

(3)**生産の集中**… 一つの企業が生産や市場を支配する**独占**，少数の企業が生産や市場を支配する**寡占**。

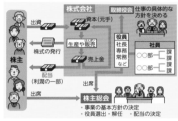

▲株式会社のしくみ

(4)**中小企業**… 日本の企業数の99%を占める。大企業より高い技術力をもつ企業も多い→**起業**（新たに企業を起こすこと）し，独自の先進技術を活用して急成長する**ベンチャー企業**も。

(5)**企業の社会的責任**（CSR）… 法を守る。情報を公開する。消費者の安全を守り，従業員の生活を安定させる。

(6)**労働環境の変化**… **非正規労働者・外国人労働者**の増加。

(7)**仕事と生活の調和**… **ワーク・ライフ・バランス**の実現。

入試に出る 実戦問題 ＞ 企業の種類と株式会社

☑ (1)次の文は，公企業・私企業のどちらの説明か。
　◇利潤の追求が最大の目的で，個人企業と法人企業からなる。

　　　　　　　　　　　　　　　　　　　　　　　　　[**私企業**]

☑ (2)株主について述べた文として正しくないものを，ア〜ウから1つ選べ。

　ア 会社が倒産した場合は，株主は責任を全く負わない。

　イ 会社が利益をあげたとき，株主は利潤の分配を受ける。

　ウ 株主は株式の売買を自由にできる。　　　　　[**ア**]

14 金融／円高と円安

☑ 1. 金融のしくみ

(1) **金融**…個人（家計）や企業などの間で資金（お金）の貸し借りをすること。金融の仲立ちをするのが，**銀行**を中心とする**金融機関**。

▲金融のしくみ

(2) **銀行の仕事**…**預金業務**（家計や企業からお金を預かり，**利子**を払う）・**貸し出し業務**・**為替業務**など。

(3) **金融の 2 つの方法**…直接金融と間接金融。

◎ **直接金融**…企業が株式などを発行して，家計や企業から直接お金を借りること。

◎ **間接金融**…金融機関が，借り手と貸し手の間に入り，お金をやり取りすること。

▲直接金融と間接金融

☑ 2. 日本銀行のはたらき

(1) **日本銀行**…日本の**中央銀行**。政府（国）や銀行とだけ取り引きする。

(2) **日本銀行の役割**…**発券銀行**（日本銀行券〈紙幣〉を唯一発行）・**政府の銀行**（国の資金の出し入れを管理）・**銀行の銀行**（一般の銀行に資金を貸し出す）。

(3) **金融政策**…通貨量を調整し，物価や景気の安定をはかる。**公開市場操作**が中心。

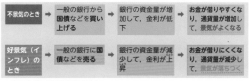

入試 ナビ	日本銀行の3つの役割と金融政策・公開市場操作を押さえよう。 円高・円安が輸出入に与える影響をしっかり理解しておこう。

不景気のとき	➡	一般の銀行から 国債などを買い 上げる	➡	銀行の資金量が増 加して、金利が低 下	➡	お金が借りやすくな り、通貨量が増加し て、景気がよくなる
好景気（イ ンフレ）の とき	➡	一般の銀行に国 債などを売る	➡	銀行の資金量が減 少して、金利が上 昇	➡	お金が借りにくくな り、通貨量が減少し て、景気が落ちつく

▲金融政策（公開市場操作）

3. 為替相場と円高・円安

(1) **為替相場**（為替レート）… ある国と他の国の通貨の交換比率。

(2) **円高** … 外国通貨に対して**円の価値が上がる**こと。一般に輸入品は安くなるが、輸出品は高くなり、**輸出は不利**。

(3) **円安** … 外国通貨に対して**円の価値が下がる**こと。一般に輸入品は高くなるが、輸出品は安くなり、**輸出は有利**。

1ドル=100円

円高になると

1ドル=80円
1000円出すと12.5ドルもかえってくるよ！

1000円出して両替すると10ドルになるのかぁ。

円安になると

1ドル=120円
1000円出しても約8.3ドルにしかならないよ

実戦問題 ＞ 日本銀行のはたらきと為替相場

(1) 日本銀行について述べた文として正しくないものを、ア〜ウから1つ選べ。

　ア　経済状況に応じて通貨の発行量を調整する。

　イ　一般の銀行との間で、国債や手形を売買する。

　ウ　個人や一般企業との取り引きを主な業務とする。［　**ウ**　］

(2) 次の文は、円高・円安のどちらについて述べているか。

　◇1ドル80円が1か月後に1ドル100円になった。これによって、輸出が増加した。　　　　　　　　　　　　　　［　**円安**　］

15 財政と景気変動

☑ 1. 財政のしくみと役割

(1)**財政のしくみ**…**国家財政・地方財政**がある。それぞれ，予算に従って運営。<u>歳入</u>と<u>歳出</u>からなる。

(2)**財政の役割**…<u>社会資本</u>（インフラ）・<u>公共サービス</u>の提供，所得の再分配，景気の安定化。

(3)**財政投融資**…国が特別な<u>債券</u>を発行して資金を集め，政府関係機関や地方公共団体などに投資・融資。

▲国の歳出の割合

防衛関係費 5.0
文教
科学振興費 5.0
公共事業費 5.6
地方交付税交付金 14.6
その他
社会保障関係費 33.7%
2022年度
107.6兆円
国債費 22.6

「日本国勢図会」

☑ 2. 財政支出と財政収入

(1)**財政支出（歳出）**

◎<u>社会保障関係費</u>…**社会保険費・社会福祉費・生活保護費**など。

◎<u>国債費</u>…国債の元金・利子を支払うための費用。

◎<u>地方交付税交付金</u>…地方公共団体に交付する費用。

(2)**財政収入（歳入）**…**租税・印紙収入**と**公債金**など。

◎租税（税金）の種類

	直接税（税金を納める人と負担する人が同じ税）	**間接税**（税金を納める人と負担する人が異なる税）
国　税（国に納める税）	<u>所得税・法人税・相続税</u>など	<u>消費税</u>・関税・揮発油税・酒税・たばこ税など
地方税（地方公共団体に納める税）	(都)道府県民税・市(区)町村民税，固定資産税など	地方消費税・入湯税など

◎税の公平性…**所得税**や**相続税**などの直接税では，課税対象額が多いほど税率を高くする<u>累進課税</u>を導入。

入試ナビ 国の歳出（さいしゅつ）では何の割合が高いのか押さえておこう。
租税（そぜい）の種類と累進課税（るいしん）のしくみをしっかり理解しておこう。

◎**公債**…国や地方公共団体が，歳入の不足を補うために発行する借金の証書。国は**国債**，地方公共団体は**地方債**。

→歳出に占める**国債費**（国債を買った人への元金の返済と利子の支払いの費用）の割合が増加。将来の世代に返済を担（にな）わせることになるので，発行は慎重に行われる必要がある。

3. 景気のしくみ

(1)**景気のバロメーター**…**国内総生産（GDP）**や経済成長率で判断。

(2)**景気変動（景気循環）**（じゅんかん）…**好景気（好況）**（こう）（きょう）と**不景気（不況）**（ふ）（きょう）が交互に繰り返される。

(3)**財政政策**…国（政府）は**公共事業・増減税**などによって，景気を安定化。

◎好景気のとき…公共事業への支出を**減らす**。**増税**する。

◎不景気のとき…公共事業への支出を**増やす**。**減税**する。

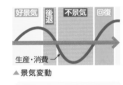
▲景気変動

> **！ 知っ卜ク情報**
>
> **景気の影響**
>
> **好景気の場合**…商品の売れ行きが好調で，雇用が増え賃金も上昇し，物価も上昇。
>
> **不景気の場合**…生産が縮小し，失業者が増え，物価が下落。

入試に出る **実戦問題** ＞ **租税の種類としくみ**

☑ 租税について正しく述べたものを，ア～ウから1つ選べ。

ア 消費税・酒税は直接税である。

イ 所得税・相続税では，累進課税が導入されている。

ウ 税金はすべて国に納める。

[**イ**]

16 国民生活の向上と福祉

☑ 1. 社会保障のしくみ

(1) **社会保障制度**…社会全体で助け合って安定した生活を実現するしくみ。日本国憲法**第25条**の**生存権**に基づく。

(2) **日本の社会保障制度の種類**

◎ **社会保険**…高齢・傷病・失業などの際に，保険金の給付などを受ける。**医療保険（健康保険）・年金保険・雇用保険（失業保険）・介護保険**など。

社会保険	医療保険　年金保険　雇用保険 介護保険　労働者災害補償保険
公的扶助	生活保護 （生活・住宅・教育・医療などの扶助）
社会福祉	障がい者福祉　高齢者福祉 児童福祉　母子福祉
公衆衛生	感染症予防　廃棄物処理 上・下水道整備　公害対策

▲日本の社会保障制度

◎ **公的扶助**…生活の苦しい人々に必要な援助を行う。**生活保護**ともいわれる。

◎ **社会福祉**…障がい者や保護者がいない児童などを保護・援助。

◎ **公衆衛生**…感染症予防，公害対策など。

(3) **社会保障の課題**…**少子高齢社会**の到来→保険料や税金を納める若い世代の**負担**が増加。

◎ 社会保障の充実と経済成長の両立…高福祉高負担の「**大きな政府**」，低福祉低負担の「**小さな政府**」。

☑ 2. 公害の発生と環境保全

(1) **公害の種類**…**大気汚染・水質汚濁・土壌汚染・騒音・振動**など。

(2) **四大公害病**…**水俣病・イタイイタイ病・四日市ぜんそく・新潟水俣病**→裁判が行われ，いずれも**原告（被害者側）**が勝訴。

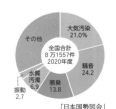

全国合計
8万1557件
2020年度

大気汚染 21.0%
騒音 24.2
悪臭 13.8
振動 2.7
水質汚濁 6.9
その他

「日本国勢図会」

▲公害苦情件数の割合

(3) 環境保全の取り組み

◎ **環境基本法**の制定…かつての**公害対策基本法**を発展させたもの。公害のほか，国際的な環境問題にも総合的に取り組むことを定めている。

◎ **環境アセスメント**（環境影響評価）…開発にあたり環境への影響を事前に調査・評価し，被害を未然に防ぐ。

(4) 循環型社会への取り組み

◎ ３つのＲ…**Reduce**（発生をおさえる）・**Reuse**（再使用・再利用）・**Recycle**（再生利用）を推進。

◎ **循環型社会形成推進基本法**…循環型社会をつくるための基本的な枠組みを定める。

▲循環型社会の姿

（環境省資料）

注意 消費者が，環境や社会に配慮した商品を選んで消費することを「エシカル消費」という。リサイクルや地産地消などのための商品がある。

入試に
出る **実戦問題 > 社会保障制度の種類**

☑ 次の文が述べている社会保障制度を，ア～エから１つ選べ。

◇高齢・傷病・失業などの際に，保険金の給付などを受ける。
年金保険や介護保険などがこれにあたる。

ア 公的扶助　**イ** 社会保険
ウ 公衆衛生　**エ** 社会福祉　　　　　　［　**イ**　］

国際社会と世界の平和

☑ 1. 国際社会と国際連合（国連）

(1)**国際社会** … **主権国家**によって構成→**国際慣習法**や**条約**などからなる国際法に基づき行動。

- ◎国家 … **国民，領域，主権**の三つの要素で成り立つ。
- ◎国家の領域 … **領土，領海，領空**。領海の外側に排他的経済水域，さらに外側に公海（**公海自由の原則**）。
- ◎主権国家の原則 … **内政不干渉の原則，主権平等の原則**。

(2)**国連のしくみ**

- ◎**総会** … 全加盟国の代表で構成。**多数決制**が原則。

						(国連資料)
1945年 51か国	2 22	149			4	
1960年 99か国	22	26	23	26		
1970年 127か国	6 26	27	29	42		
1980年 154か国	6 32	29	36	51		
2021年 193か国	14 35	43	47	54		

オセアニア　ヨーロッパ　アジア　アフリカ　南北アメリカ

▲国連加盟国数の推移

- ◎**安全保障理事会（安保理）** … アメリカ・ロシア・イギリス・フランス・中国の5か国からなる**常任理事国**と，10か国の**非常任理事国**からなる。常任理事国は拒否権をもつ。
- ◎**経済社会理事会** … 専門機関と連携して国際協力。
- ◎そのほかの機関 … **国連教育科学文化機関（UNESCO），国際労働機関（ILO）**などの専門機関，**国連児童基金（UNICEF）**などその他の組織。

(3)**国連の活動** … **平和維持活動（PKO）**，SDGsの採択

☑ 2. グローバル化と地域主義

(1)**グローバル化の進展** … それぞれの国が，他国との関係なしでは成り立たない**相互依存**の関係に→世界各地で地域主義（地域統合）の動き。

★★★
★★★
★★

入試ナビ 国連の専門機関の略称と活動を混同せずに覚えておこう。
核軍縮の動きをしっかり押さえておこう。

(2)**地域主義の動き**…**ヨーロッパ連合（EU）**，**東南アジア諸国連合（ASEAN）**，**アジア太平洋経済協力会議（APEC）**，**環太平洋経済連携協定（TPP11）** など。特定の国と国の間で貿易自由化を進める**FTA**，**EPA**など。

☑ 3. 新しい戦争と平和の実現

(1)**新しい戦争**…冷戦終結後，民族・宗教対立が表面化→地域紛争や**テロリズム（テロ）** が発生。

(2)**難民の発生**…**国連難民高等弁務官事務所（UNHCR）** が難民を保護。**NGO（非政府組織）** も活動。

(3)**平和実現への動き**
◎ **核軍縮**…**核拡散防止条約（NPT）** や包括的核実験禁止条約**（CTBT）** の締結など。
◎ **政府開発援助（ODA）** …先進国の政府が発展途上国に資金・技術などの援助を行う。

年	できごと
1963	部分的核実験停止条約
1968	核拡散防止条約（NPT）
1972	米ソ，戦略兵器制限協定
1978	第1回国連軍縮特別総会
1987	米ソ，中距離核戦力（INF）全廃条約
1991	米ソ，戦略兵器削減条約
1995	NPTの無期限延長に合意
1996	包括的核実験禁止条約（CTBT）
2002	米ロ，戦略攻撃力削減条約
2009	安保理で「核なき世界」決議
2010	米ロ，新戦略兵器削減条約
2017	核兵器禁止条約

▲主な核軍縮の動き

入試に出る 実戦問題 > 国連と地域主義

☑ (1)次の文が述べている国連の機関を，ア～ウから1つ選べ。
◇関税の撤廃など，自由貿易を押し進めている。

　　ア WHO イ UNICEF ウ WTO 　　[ウ]

☑ (2)EU加盟国を，ア～エから1つ選べ。
　　ア ロシア連邦 イ オーストラリア
　　ウ イタリア エ スイス 　　[ウ]

国際問題と私たち

☑ 1. 地球環境問題とその取り組み

(1)**さまざまな地球環境問題**

◎**地球温暖化**…化石燃料（石油・石炭など）の大量消費によって二酸化炭素（CO_2）などの**温室効果ガス**が増加→地球の平均気温が**上昇**→海抜の低い島国の水没，異常気象，生態系の異常など。

▲温室効果ガスの排出量

中国 28.2%
その他
2019年 376億t（二酸化炭素換算）
アメリカ 13.9
日本 3.2
ロシア 5.9
インド 6.4
EU 7.3
「日本国勢図会」

◎ほかに，**酸性雨，オゾン層の破壊，砂漠化，熱帯雨林の減少**など。

(2)**国際的な取り組み**…**国連環境開発会議（地球サミット）**。京都議定書から**パリ協定**へ。

☑ 2. 経済格差と貧困・飢餓

(1)**南北問題**…発展途上国と先進国との間の経済格差から生じる問題。

◎**新興国**…発展途上国の中で，近年，めざましい経済成長を実現した国→発展途上国の間での経済格差が広がり**南南問題**に。

(2)**貧困**と**飢餓**…人口の急増に経済の発展が追いつかない発展途上国に多い。サハラ砂漠より南のアフリカでとくに深刻。

◎飢餓…長期にわたる栄養不足で，生存が厳しい状態。

(3)**発展途上国の人々の自立をうながし，支える取り組み**…**フェアトレード**（公正貿易），**マイクロクレジット**（少額融資）など。

> **！ 知っトク情報**
>
> **南北問題の原因**
>
> 　発展途上国の多くは，モノカルチャー経済の国が多く，経済的に不安定になりやすく，工業化もうまく進んでいない。これらが主な原因となっている。

地球温暖化の原因・影響・対策をしっかり理解しておこう。
日本はどのような国際貢献をしているか押さえておこう。

(4) **国連の取り組み**…2015年, **持続可能な開発目標（SDGs）** を採択
→貧困や飢餓をなくすこと, 教育を普及させることなど, 2030年までに国際社会で達成すべき17の目標を示す。

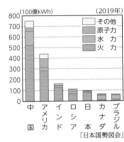

▲おもな国のエネルギー別発電量

☑ **3. 資源・エネルギー問題**

(1) **問題**… **化石燃料** は将来, 枯渇。
火力発電 は地球温暖化や大気汚染を引き起こし, **原子力発電** は安全性が問題。

(2) **対策**…太陽光・風力・地熱・バイオマスなど, **再生可能エネルギー** の開発が進む。

☑ **4. 世界の中の日本**

(1) **日本の平和主義と外交**… **非核三原則** をかかげ, 核兵器の廃絶を訴え続ける。

(2) **日本の国際貢献**… **自衛隊** が国連の **平和維持活動（PKO）** に参加。**政府開発援助（ODA）**, 青年海外協力隊など。

入試に
出る **実戦問題** ＞ 地球温暖化と南北問題

☑ (1) 地球温暖化の影響にあたるものを, ア〜ウから１つ選べ。
  ア 熱帯雨林が減少する。　**イ** オゾン層が破壊される。
  ウ 海面が上昇する。　　　　　　　　　　　[**ウ**]

☑ (2) 2015年に国連で「（　　　）な開発目標（SDGs）」が採択された。（　　　）に当てはまる語句は何か。　[**持続可能**]

よく出る公民の図・資料

☑ 選挙制度のしくみ

小選挙区制と比例代表制のしくみ図がよく出る。それぞれの特色をしっかり理解しておこう。

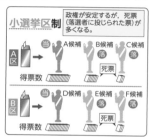
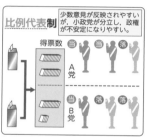

※上記は定数3の場合

☑ 国の財政と地方の財政

国は歳出のグラフ，地方は歳入のグラフが出ることが多い。それぞれ，上位3項目はしっかりと覚えておこう。

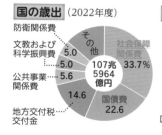

国の歳出（2022年度）

防衛関係費 5.0
文教および科学振興費 5.0
公共事業関係費 5.6
地方交付税交付金 14.6
社会保障関係費 33.7%
国債費 22.6
その他
107兆5964億円

地方の歳入（2022年度）

地方債 8.4
国庫支出金 16.6
地方交付税交付金 20.0
地方税 45.4%
その他
90兆9928億円

「日本国勢図会」

入試
ナビ

比例代表制のしくみをしっかり理解しておこう。
国の財政では，社会保障関係費と結びつけた出題が多い。

☑ **三権分立のしくみ**

国会・内閣・裁判所が持つ，ほかの機関を抑制する権限を混同
しないように覚えておこう。

☑ **非正規労働者に関する統計**

非正規労働者に関するグラフがよく出る。ニュースでも，動向
を押さえておこう。

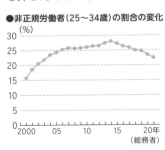

●非正規労働者(25〜34歳)の割合の変化

（％）
（2000〜20年）
（総務省）

●年齢別の1か月の平均賃金

（万円）
正規労働者の賃金
非正規労働者の賃金
（2021年）（厚生労働省）

直前テーマ学習

141

よく出る公民の記述問題

☑ 日本の社会保障の問題点

問 下のイラストを参考に，将来，現役世代にとってどのようなことが問題になるかを，社会保障制度と関連づけて答えよ。

2010年
2.8人

2020年
2.1人

2030年
1.8人
（推計）

高齢者（65歳以上）1人あたりの現役世代人口（15〜64歳）

「日本国勢図会」

ヒント 社会保障制度は，主に保険料と税金に支えられている。

答え

（例）社会保障制度の財源である保険料と税金の主な負担者である，現役世代の負担が重くなる。

☑ 公職選挙法の改正

問 右のグラフは，日本における選挙人名簿（選挙権をもつ人を登録した名簿）の登録者数の変化を示している。2016年に選挙人名簿登録者数が200万人以上増加した理由を答えなさい。

（億人）
1.07
1.06
1.05
1.04
1.03
2012 2013 2014 2015 2016 2017（年）
（総務省ホームページより作成）

ヒント 2015年に公職選挙法を改正した法律が公布された。

答え

選挙権を与えられる年齢が満20歳から満18歳に引き下げられたから。

☑ 循環型社会への取り組み

問　現在，日本では，循環型社会を実現するためにさまざまな

取り組みが進められている。
図を参考にして，実現に向け
た国の取り組みの例を1つ答
えよ。

▲循環型社会の姿　　　　（環境省資料）

ヒント　資源を有効に使い，環境への負荷を減らそうとしている。

答え

（例）**循環型社会形成推進基本法を制定するなどして，リユースやリサイクルなどを推進している。**

☑ 文化の多様性

問　現在，グローバル化が進み，日本にもさまざまな国の人が
訪れている。それによって，文化的な衝突もみられるように
なった。これを防ぐための心がまえを1つ答えよ。

ヒント　文化的な衝突の例として，生活・習慣の違いや宗教の
違いによる衝突があげられる。

答え

（例）**お互いの文化を認め合い，異文化を受け入れる寛容さを持つ。**

直前テーマ学習

143

さくいん

★ 地理・歴史・公民の分野ごとに分けて入試によく出る用語を中心に，50音順に取り上げています。

★ 重要用語の左の□はチェックらんです。

公民分野

読者アンケートのお願い

本書に関するアンケートにご協力ください。
右のコードか URL からアクセスし、
以下のアンケート番号を入力してご回答ください。
ご協力いただいた方の中から抽選で
「図書カードネットギフト」を贈呈いたします。

Webページ https://ieben.gakken.jp/qr/derunavi/

アンケート番号 305605

中学3年分の一問一答が無料で解けるアプリ

以下のURLまたは二次元コードからアクセスしてください。
https://gakken-ep.jp/extra/smartphone-mondaishu/
※サービスは予告なく終了する場合があります。

高校入試 出るナビ　社会　改訂版

本文デザイン	シン デザイン	本文イラスト	たむらかずみ, サイドランチ,
編集協力	八木佳子		高寄尚子
	菊池聡, 財部智, 粕谷佳美,	図　版	㈲木村図芸社
	笹原謙一,	写　真	写真そばに記載
	株式会社シー・キューブ	DTP	株式会社 明昌堂
	阿部薫		データ管理コード：23-2031-1370(2021)

この本は下記のように環境に配慮して製作しました。　　　　　　※赤フィルターの材質は「PET」です。
・製版フィルムを使用しないCTP方式で印刷しました。
・環境に配慮して作られた紙を使用しています。